都是权力惹的祸

清宫政变录

金性尧 著

故宫出版社

再版说明

中国古代，帝王乃九五之尊，富有四海，帝王生活不只是循规蹈矩，也有光怪陆离、令人咂舌的一面。由于皇权至上，所以觊觎神器，宫廷政变不断，可谓都是权力惹得祸。古代的诗人才华横溢，雕琢文字，为我们留下了众多脍炙人口的诗篇。文字本是文明的象征，但在封建专制时期，它却导演了一幕幕人生悲剧，成为招灾引祸的根苗。帝王、诗人是探究中国古代历史所难以绕开的群体，宫廷政变、文字狱则是认识中国古代文化的热门话题，深受读者的关注与喜爱。

鉴于上述原因，我们将朴人先生的《帝王生活》、《诗人生活》及金性尧先生的《清宫政变实录》、《清代笔祸》重新改版，并按照各书所叙内容，对其重新予以命名。本次改版对书中的错字、讹字进行订正，基本保留了原书的风格，以飨读者。

写在前面的话

《清代笔祸录》于1989年7月由香港中华书局出版后不久，父亲又萌生了撰写《清代宫廷政变录》的想法。据其日记载，1990年3月28日，“得钟洁雄信，嘱撰《清代宫廷政变录》”。后因是年初春母亲中风病重，四个月后病故，父亲一直奔走忙碌，无暇动笔。直至10月9日方正式动笔，是日日记中有“拟《清代宫廷政变录》目，共五十四题”，10月10日，“撰《是谁揭开满族史的序幕》，此为《清代宫廷政变录》第一篇”。经过一年多的辛勤笔耕，1992年元旦，日记载“草《清代宫廷政变录》前言”，1月3日，“将《政变录》前言抄毕，一千余字，并包扎讫”，十个月后，1992年10月3日，“得港局寄来《清代宫廷政变录》十册”，书终于出版面世。

《清代宫廷政变录》在香港出版后，大陆读者虽有风闻但却不能买到该书。随着改革开放形势下的的步步解禁，终于在十余年后，2005年4月，陕西师范大学出版社出版了本书的简体字版，更名为《清代宫廷政变纪要》。2006年5月，台湾知本家文化事业有限公司又出版了繁体字版，更名《清——无情最是帝王家》。

以宫廷政变作为随笔题材，不同于小说家言，不仅需要驱遣文字的功力，更需要史德、史才、史识。父亲一向熟稔清史，对清代宫廷内部的权力之争，“诸如结党营私、勾心斗角、看风使舵、投井下石、反覆无常、泄愤报怨（如济尔哈朗与多尔衮，孝钦与肃顺等）一系列现象”（见本书《前言》），了然于胸。凭着他深厚的史学和文学积累，把这些内容以故事为单元，“就像万花筒那样摇滚于政变的风头浪口中”（见本书《前言》），生动地展示在读者面前，同时也对一些传说的荒诞作了纠辨。历史的隐秘沉重，在父亲的笔下便成了灵动的再现，读者在聆听宫廷政变故事的同时，也充分享受着父亲独特的文字魅力。这也可能就是此书一版再版、风行海内外的原因吧。

父亲在《清代宫廷政变录》的前言中曾道：“本书与拙著《清代笔祸录》是姊妹篇。《笔祸录》写的是皇帝对付士人，本书写的是皇帝对付家人，都是皇权下的产物。皇权虽已成为历史名词，但对于有历史癖的人，仍然大有琢磨的余地。”今天来读这些话，依旧发人深省。

去年秋天，承蒙紫禁城出版社（编者注：已于 2011 年 9 月更名为故宫出版社）的热诚邀请，我重新编选了《清代笔祸》和《清代宫廷政变》二书，感谢他们的精心包装，使本书得以面目一新，也增加了父亲文章内涵的分量。如本书能获得广大读者朋友的首肯，我当再接再励，继续编选父亲的其他专题文集，以答谢读者。

本书的编选是以《清代宫廷政变录》为基础，但有些篇章，父亲在后于《清代宫廷政变录》编集的《伸脚录》、《饮河录》、《一盏录》以及《清宫掌故》中又作了新的修改，此次则以修改后的文字载入。另外，还从他集中补选了几篇有关谈论清代宫廷政变内容的文章（在每篇文章的末尾均载明出处）。现将它们并为一编，以飨喜爱父亲文章的广大读者。

父亲在《土中录》前言的末尾曾道：“恩恩怨怨，只付与秋坟碧土，我这里姑且算是凭吊。也应该向历史老人道一声辛苦，他总是背负着沉重的担子仍然向前迈步的。”我也藉编选此书的机会，向父亲当年的辛勤笔耕道一声辛苦，并以此纪念父亲逝世三周年。

我的编选如有不妥之处，敬请广大读者朋友不吝指正。

金文男

2010 年 1 月

前言

宫廷政变，通常指统治集团内部为了争夺权力而发动的一场斗争，有流血的，也有不流血的，有成功的，也有失败的。它与皇权相始终，而以人治为基础。宫廷政变的发动者，绝大部分为了个人或派系（集团）的权力，谈不上理想，只存在野心，往往具有孤注一掷的可怕的冒险性，欲望掩没了理智。但极少数也有正义性、进步性，例如“戊戌变法”和后党发动的“戊戌政变”是两种概念、两种性质，但如果变法成功，后党下台、坐牢，实际也是一场政变，不过是良性的。

人的权欲是没有底的，因此，宫廷政变也就层出不穷。天子至尊，君临四海，应该不再有权力的争夺了，可是他还得防止文臣武将侵犯他的权力，哪怕是很细小的。天子为防止异己者损害他的尊严，因而仍然有斗争，多是采用突击性的手段，例如清圣祖即位之初的对付鳌拜，仁宗即位之初的对付和珅，这两人都属于贵族集团，如不剪除，新君的权力便得不到保障，实际上也是宫廷政变，只是由皇帝这方面来发动。

中国的宫廷政变源远流长。西周初年的管蔡之叛，就是一场未遂的宫廷政变，嵇康即曾为管蔡鸣不平，说二人是怀忠抱诚。被杜甫称为“风尘三尺剑，社稷一戎衣”的唐太宗李世民，也是在宫廷政变、杀兄灭弟之后攫取帝位的，今人李宗吾的《厚黑学》即以唐太宗为代表。宋初的“烛影斧声”故事，至今仍为宫闱间一大疑案。少数民族如辽、金、元的宫廷政变，也是史不绝书，那位以荒淫出名的海陵王完颜亮，也是得天下于宫廷政变。到了明代，惠帝即位才四年，他的叔父燕王朱棣即发动宫廷政变，还说他要效法周公辅成王。

中国宫廷政变之所以特别频繁的一个重要原因，就是帝王后宫内多内宠，由多妻而多子，由多子而造成储位之争，明知这是要用生命作代价，但因天无二日，大家就愿做扑灯之蛾，康熙朝陷入储位之争漩涡的皇子就有九个。还有一点，由于多妻，使妇女（后妃）也进入政变的行列。本书前部分写的孝庄太后，后部分写的孝钦太后，两人在清代历史上起的作用虽不相同，却都是聪明而富于才能、善用权谋，以孤儿寡母之身，在宫廷政变中十分活跃的妇女。

清人发迹于游牧，君主虽也多妻，尚无预立太子以及立嫡立贤之制。入关后，因受汉化影响，到了第二代康熙朝，为了储位之争，纠纷延续父子两朝，骨肉相残，大狱频兴，牵连受祸之人为数极多，自圣祖晚年至世宗初期，为宫廷政变的高潮期。但圣祖晚年，政局逐渐倾斜，朝臣结党营私，并随着储位之争而不断起伏。世宗即位后，以铁腕手段大事整顿，言出令随，雷厉风行，清除了许多积弊，开清朝宏迈之局，而大清帝国的绝对专制，也至雍正朝而完固。他的儿子高宗，能在和平环境中顺利取得帝位，这又与乃父的惩前毖后、秘密建储的预谋大有关系。

第二个高潮则是文宗在热河逝世后，垂帘听政的实行使孝钦初露锋芒，促成辛酉政变，三十余年后又有戊戌政变，六十余岁的文宗遗孀那拉氏，却成为政变舞台上唱大轴的主角。但自戊戌以后，大清帝国的命运日益黯淡，列强势力已经威胁到卧榻之侧，皇权已经残缺，那拉氏要想废德宗而另立大阿哥溥儁，也因深恐洋人干预而未果，这以后谁都没有发动宫廷政变的力量了。

宫廷政变的核心是权力之争，环绕这一核心，诸如结党营私、勾心斗角、看风使舵、投井下石、反覆无常、泄愤报怨（如济尔哈朗与多尔衮，孝钦与肃顺等）一系列现象，就像万花筒那样摇滚于政变的风头浪口中，也是很自然的规律。于是大家都成为失控的野马，什么残忍卑鄙的手段都用得出，对于心理学家，倒是很现成的研究史料。今天有些家庭纠纷中的父子结怨、兄弟狠斗的事例，读了本书中的某些故事后，也会引起您的兴趣和思考，历史的镜子虽然已蒙上灰尘，但当我们抹去灰尘，擦亮镜子后，仍然可以窥见活动着的影子。

本书中所谓的宫廷政变，是从广义范围说的，如果从狭义的范围，那么，可写的就不多。内容以故事为单元，兼具掌故意味，有些齐东野语之类的荒诞传说，或予屏除，或予纠辨。其中叙述清人在关外时的部分内容，读起来或许感到生僻奥远，因为这部分史料，读者平时接触得不多，故而将它介绍得多些。

又，本书与拙著《清代笔祸录》是姊妹篇。《笔祸录》写的是皇帝对付士人，本书写的是皇帝对付家人，都是皇权下的产物。皇权虽已成为历史名词，但对于有历史癖的人，仍然大有琢磨的余地。

金性尧

一九九二年元旦

目录

谁揭开满族史的序幕

历代的宫廷政变，主要表现在兄弟父子叔侄的骨肉相残上，其次则为与后妃之间，也即妻妾之间。其中的一个重要因素是多妻制，例如由嫡庶而导致的皇位争夺，就是由多妻而形成的，这恐怕也是我们中国的独得之秘。历代统治集团常以纲常伦理的大义晓谕臣民，可是自己的家庭内部，却往往猜忌分裂，甚至喋血宫闱，有的采用和平手段，有的成为千古疑案，如宋代赵氏兄弟的烛影斧声事件。

所以，谈到宫廷政变，必然要涉及宗族关系，古代所谓国家，实际是家庭的扩展，而谈到清朝的宗族，又要追溯到它的最早播种者：究竟是谁揭开这家宗族舞台的序幕呢？

说来有趣，原来是一位野外的少女。

长白山东面有一座布库里山，山下有一方布尔瑚里池。有一天，来了三位天女：大姐恩固伦，二姐正固伦，三妹佛库伦，都投身在池中洗澡。这时有一只神鹊衔着朱果，放在佛库伦衣上，佛库伦便把朱果一口吞下，于是怀孕了。

不久产下一个男孩，生而能言，体貌奇异。长大后，他母亲告诉他："天生你去平定乱国，你就以爱新觉罗（觉罗是"族"的意思）为姓，布库里雍顺为名。"说毕，便凌空而去。布库里雍顺便乘小船顺流而下，来到河埠，登岸后折柳枝和野蒿当坐具。

这个地区内有三姓争雄为长，构兵仇杀。有人取水至河埠，见到布库里雍顺状貌奇特，回去告诉众人，众人即前往访问，他回答说："我是天女所生，天命我来平息你们之乱。"众人便交手为舆，抬他至家里，奉以为主，还将女儿嫁给他。彼此纷乱因而平定，便定居在长白山东面俄漠惠之野鄂多里城，国号满洲。

过了数世以后，因国人叛乱，杀害宗族，只剩下幼子范察。范察逃至荒野，国人追之，恰巧有鹊停在他头上，追者以为人头无栖鹊之理，疑为枯木，便在中途折返。范察得以免祸，满洲后世子孙因而感恩于鹊。

辗转传到肇祖原皇帝都督孟特穆，居住在赫图阿拉地方，立志恢复旧业，用计诱捉先世仇人四十余人，杀死一半以雪祖仇，执一半以搜寻故地，既得旧业，便将这一半释放。赫图阿拉在今辽宁新宾县西，明代置建州卫。由肇祖再传至第六代，便是清太祖努尔哈赤，并正式建都于赫图阿拉，后来改称兴京。如果将那位天女所生的布库里雍顺算为始祖，到努尔哈赤时正好是十代。

《诗经·商颂》有"天命玄鸟，降而生商"的话，到了《史记·殷本纪》便演变成故事："殷契母曰简狄，有娀氏之女，为帝喾次妃。三人行浴，见玄鸟（燕子）堕其卵，简狄取吞之，因孕生契。"下面便说契长大后如何英明能干，助禹治水立功，而禹的母亲又是吞珠而生禹于石纽山中。这和布库里雍顺的出世很类似，却未必是清人有意因袭。这类神奇传说，见于中国史书的很多，外国也有，郑振铎《玄鸟篇》曾举了斯拉夫系、越南、印度等吞鱼和果子而怀孕的故事。所以也不能笼统地用母系社会的痕迹来解释，但也说明，女性在历史上所起到的重大而积极的作用，因为宗族的传递繁衍全靠她们的力量。没有男性，女性吞朱果、吞鸟卵照样可以产下孩子，而且这些孩子都是一些干大事业的英雄豪杰。

再透过这些缥缈离奇的序幕，我们又可窥见满族的祖先们，在筚路蓝缕、开创基业时为历史投下的影子：他们都是在不遗余力的角逐和拼搏，即力的化身。没有力，就不能平定三姓之乱，不能报先人之仇，不能使众人慑服。

据孟森《清始祖布库里英雄考》，这个天女之子实有其人，他的原名是布库里英雄。布库里是诞生之地山名，英雄是言其地的豪杰。后来改为布库里雍顺，便成为不可解之夷语了。又称以鹊为祖，盖亦往时关外原义，后改作以鹊为神，已非旧俗。“清世祭祖，殿前必有高杆，置祭肉等品于杆头，以供乌鹊之食，正其认鹊为祖之遗意。始而鹊衔朱果，以成天女之胎，既而鹊栖儿首，以救范嗏（察）之祸，累世赖鹊，而有此一帝系之产生”。这是从风俗上来考析的。

布库里雍顺所居之俄漠惠，经日本人考证，实为朝鲜镜城斡木河的对音。总之，天女之说可辟，始祖之有其人不可抹杀。后来清太庙之追尊，至肇祖都督孟特穆而止，则以其身为都督，名绩灿然，自信为肇基王迹之祖。

清之所谓满洲，即明之建州卫，明人曾蔑称为“建夷”。明代曾于沈阳、开元、广宁皆置王府，主持边事，后来三王迁于山西、陕西、湖广，不再经营东北。其中的原因，孟森认为由于后来明朝的君主，“以猜忌之私，不欲复以强兵要地，与亲贵为资，削弱宗亲，亦即沮抑边计，后来大祸起于东北，孰知为飑弗摧，其源正在骨肉猜防间也”。意思是说，明朝因对宗亲的猜忌，即对远在关外的藩王不放心，便放松了关外的防务，终使满洲坐大，最后进窥关内，覆灭明朝，可见骨肉猜忌的为祸之烈了。

（原载《清代宫廷政变录》，香港中华书局 1992 年 8 月版）

宫廷政变的边缘

清代自太祖努尔哈赤至末代皇帝溥仪，一共是十二个皇帝，为什么演义有“清宫十三朝”之名呢？这是因为太宗有两个年号，先为天聪，后改崇德，史称“崇德改元”。下面是十三朝的名次：太祖天命，太宗天聪、崇德，世祖顺治，圣祖康熙，世宗雍正，高宗乾隆，仁宗嘉庆，宣宗道光，文宗咸丰，穆宗同治，德宗光绪，溥仪宣统。

其实，天命、天聪并非正式年号，只是尊号，清人称太宗为天聪皇帝，原是一种尊称，故天命、天聪两朝，如孟森所说，“称号聊以自娱，无一定帝制自为意也”[①]。清代的正式年号，当自崇德元年开始，即明崇祯九年，公元一六三六年。

太祖是清朝的创业者，太宗是奠基者，但他们的一生活动都在关外的满洲本土。

太祖的生母为喜塔腊氏，怀孕十三个月才生下太祖。太祖到了十一岁，生母逝世，继母纳喇氏待他凉薄，父亲塔克世（显祖）因为听了纳喇氏的话，父子遂分居，给太祖的家产特别少。从此，太祖往来于抚顺马关市作买卖。到了二十四岁，他的祖父、父亲都被另一部落主尼堪外兰杀死于混乱中，死得非常惨酷，他立志要报仇雪恨，将其看作“七大恨”之一。从这些极简单的介绍中，已可看到，他是在怎样一种冷酷

① 见《清太祖所聘叶赫老女事详考》。

险恶的环境中成长起来的，以及这些经历对这个年轻人的心理又会产生怎样的强烈影响。

努尔哈赤有一个同母弟舒尔哈齐，比他小五岁。在他们兄弟早年，舒尔哈齐的声威，差不多和太祖相等，明朝将其并称为都督，朝鲜称为老哈赤、少哈赤。舒尔哈齐于明万历时以都督都指挥身份赴明都朝贡，带领随员一百余名，明廷赐以宴会。他的状貌体胖壮大，面白而方，耳穿银环，服色和努尔哈赤一样。据朝鲜《李朝宣祖实录》二十八年所记：

> 老乙可赤（努尔哈赤）常时所住之家，麾下四千余名，佩剑卫立，而设坐交椅。唐官家丁先为请入拜辞而罢，然后（河）世国亦为请入，揖礼而出，小乙可赤处一样行礼矣。老乙可赤屠牛设宴，小乙可赤屠猪设宴，各有赏给。

这是朝鲜通事河世国所见的实况，说明舒尔哈齐当时的地位仅次于其兄。可是大业既定，清室给予舒尔哈齐的待遇，据孟森《清太祖杀弟事考实》所举，却有许多疑问。

清初撰《开国诸王公诸大臣传》，却没有收入舒尔哈齐。乾隆年间，撰《宗室王公功绩表传》，连《实录》本无记载的通达郡王等皆补立，但却无视一向著名的舒尔哈齐。以亲言，他是太祖同母弟，以爵言，顺治时追赠为亲王。太祖的庶出之弟且有传，而舒尔哈齐竟无传(至《清史稿》始有传)。

太祖早期，曾受辽东左都督李成梁的抚容，成梁儿子如柏，曾纳舒尔哈齐之女为妾，一时有“奴酋女婿作镇守，未知辽东落谁手”之谣。太祖所以能受抚于李成梁，未始不因这种裙带关系，可见太祖兄弟乃是祸福一体之人。

那么，太祖和舒尔哈齐之间，究竟存在什么矛盾呢？

据明人黄道周《建夷考》载：“酋（指太祖）疑弟二心，佯营壮第一区，落成置酒，招弟饮会，入于寝室，锻铛之，注铁键其户，仅容二穴，通饮食，出便溺。弟有二名裨（副将），以勇闻，酋恨其佐弟，假弟令召入宅，腰斩之。长子（褚英）数谏酋勿杀弟，且勿负中国，奴亦困之。其凶逆乃天性也。”这里只是笼统地说太祖疑弟有二心，但也见得太祖对舒尔哈齐早有猜忌之心。又据《东华录》载，太宗天聪四年（1630年），议舒尔哈齐子贝勒阿敏罪状十六款，第一款说：太祖和舒尔哈齐本来是友爱的，阿敏却唆使他父亲离开太祖，移居黑扯木。太祖闻之，坐其父子罪，不久又赦宥。那么，错失全在阿敏，太祖兄弟之间却并无矛盾。事实远非如此。

金梁《满洲秘档·太祖责弟》云：

> 舒尔哈齐临阵退缩，时有怨言。上乃责之曰："弟之所以资生，一丝一缕，罔不出自国人，即罔不出自我，而弟反有怨我之意何也？"舒尔哈齐终不悟，出语人曰："大丈夫岂惜一死，而以资生所出羁束我哉？"遂出奔他部居焉。上怒，籍收舒尔哈齐家产，杀族子阿萨布，焚杀蒙古大臣乌勒昆，使舒尔哈齐离群索居，俾知愧悔，舒尔哈齐果愧悔来归，上以所籍收之产返之。然舒尔哈齐仍怀缺望，越二年，辛亥八月十九日，遂抑郁而卒。

金文中所谓“临阵退缩”是这样一回事：一五九九年（明万历二十七年）建州兵征哈达时，太祖曾当众怒斥舒尔哈齐。八年后，在乌碣岩战役中，舒尔哈齐为统帅，却作战不力，太祖欲处舒尔哈齐二将常书、纳齐布死罪，舒尔哈齐说："诛二臣与杀我同。"太祖乃赦其死而改为罚。从此就不再派遣舒尔哈齐。后来便有舒尔哈齐移居黑扯木的事。

舒尔哈齐之死，金梁说是“抑郁而卒”。明朝人如沈国元《皇明从信录》等三种史料，都说是被太祖杀死。这也有些想当然，想当然之由来，或因太祖囚禁舒尔哈齐的事件已盛传于关内，而且他的两个儿子被太祖杀死是事实，因而有此传闻。舒尔哈齐死时，即使命终，丧仪必很草率，使人更难明其真相。

舒尔哈齐之有野心也可断言。申忠一《建州纪程图记》记他见舒尔哈齐家“凡百器具，不及其兄远矣”，舒尔哈齐也向申忠一说：“日后你佥使若有送礼，则不可高下于我兄弟。”已露出欲与其兄分庭抗礼之意。太祖功业之强盛，这中间自然有他作战上的一份大力，他因此必恃功而骄，儿子阿敏又很骄横，他和太祖之间矛盾的激化，原在估计之中。虎狼相处，终必狠搏。金梁先说舒尔哈齐“果愧悔来归”，后说“仍怀缺望（怨恨）”，前一句不一定属实，后一句倒是不虚。他的二子被杀，家产被没收，尽管后来归还，他也不可能愧悔的。孟森说：“是其二子遭戮，身复还锢，由此而遂死。则纵非剚刃而终，亦可称由太祖杀之，非诬传矣。”孟氏题目称为“清太祖杀弟”者，亦隐寓《春秋》笔法。

明人说太祖凶残悖逆，这固然出于种族偏见，但我们如果从他的成长至晚年一系列经历来看，他的性格和心理必然会出现两极性的倾向，一方面是勇猛、果断和坚毅，随之而来的是狠辣、专断和猜忌，不但对兄弟是这样，对儿子、妻子也很残忍。用《孟子·告子》的“动心忍性，曾（增）益其所不能”的话来说，正有它正负善恶的两面。撇开兄弟关系，舒尔哈齐也可说是开国元勋，而对功臣的猜忌，则又是雄主的偏嗜。

清人宫闱之间骨肉相残的家庭悲剧，在创业的太祖时已有雏型，虽尚不能算是宫廷政变，而为政变的边缘该是很恰当的。

（原载《清代宫廷政变录》，香港中华书局 1992 年 8 月版）

父子不相容

清太祖努尔哈赤一共有十六个妻子，十六个儿子，八个女儿。元妃佟佳氏，名哈哈纳札青，生了两个儿子，长褚英、次代善，一个女儿东果格格[①]。

在前篇中，曾引黄道周《建夷考》载，舒尔哈齐被幽禁时，太祖长子屡劝父亲不要杀弟，且勿负中国，因而也被拘禁。

黄氏只说长子，未举其名，实指褚英。褚英确曾被拘禁，并且赐死，但不是因为劝谏勿杀舒尔哈齐之故。

天命七年（1622年），太祖六十四岁，颁行八和硕贝勒共治国政制度，军政财刑皆由八人共议裁决。“和硕”的原义为方面，和硕贝勒即一方之主或旗主之意，贝勒相当于亲王，故后来有和硕亲王的爵衔。八旗旗主有代善、岳托、皇太极、莽古尔泰等。褚英则原是独掌一旗的旗主，部众五千户，约有一万丁。

太祖既有那么多儿子，自己也已入暮年，有没有考虑过身后的嗣位问题呢？首先考虑的继承人就是褚英。

据《满文老档·太祖》卷三载：

---

① 格格，小姐、姐姐。清太宗仿明制，皇帝之女称公主，格格便成为王公女儿的称呼。

聪睿恭敬汗[①]（指太祖）思曰："若无诸子，吾身何言，吾今欲令诸子执政。若命长子执政，长子从幼褊狭，无宽宏恤众之心。若委于弟，置兄不顾，未免僭越，为何使弟执政。若吾举用长子，使专主大国，令执掌大政，彼将弃其偏心，为心大公乎？"遂令长子阿尔哈图图门（褚英的赐号）执政。

这是说，太祖想让褚英执政，起先内心很矛盾，但如果给其他几个儿子，又给谁好呢？褚英是长子，又是元妃所生，当时虽尚无立嫡长之制，但太祖对褚英一向重视，所以还是让他执政了。

不想褚英执政后毫无公正之心，离间与太祖同甘共苦的五大臣，折磨太祖"爱如心肝"的四子，并要四弟对天盟誓，不将他的一切告诉太祖。又说，汗父赐与他们的财宝、良马，汗父死后，就不赏赐了。又威胁说："吾即汗位后，将杀与吾为恶之诸弟诸大臣。"五大臣指开国元勋费英东、额亦都、扈尔汉、何和里、安费扬古，四子指代善、阿敏、莽古尔泰、皇太极。除阿敏是太祖之侄，其余都是太祖之子。

这一来，诸人自很恐惧，大家商量说，我们如果告诉汗，就怕执政的阿尔哈图图门迫害，若因此而不告诉，我们的生计就要断绝，故不如"将吾等难以生存之苦告汗后再死"。于是去告知太祖，太祖乃痛责褚英，并将其多于诸弟的户口、财物，与诸弟平均分配。从此太祖不再信任褚英，两征乌喇，皆勿令随行，且命代善、莽古尔泰留国中监视。

褚英自然怀恨在心，趁太祖出师时，"作书以诅上及诸弟群臣，祝于天而焚之"。大概是行萨满教的巫术，《红楼梦》中马道婆用的也是此种"魔法"。

褚英焚书祝诅后，又怕日后被太祖知道，便想自杀，还要侍臣同死。侍臣乃奔告太祖，太祖大怒，但想到杀长子不可为训，将其幽禁，后仍被处死。时为天命建元前一年（1615年）。

---

① 汗，可汗的简称，即国主。

这段记事，为官修的《清实录》等所删削，清室于家庭惨变多加隐饰。《清史稿·褚英传》只说:“死于禁所，年三十六。明人以为谏上毋背明，忤旨被谴。”后一点可能是使太祖厌恨的因素之一。

清《宗室王公传》载:“(褚英）以罪伏诛，爵除。”清亡国史尚未尽讳。《东华录》记顺治五年（1648年）三月，幽禁肃亲王豪格时，也有“太祖长子，亦曾似此悖乱，置于国法”语。又如雍正四年（1726年）二月，上谕称，从前圣祖曾说:“‘八阿哥（允禩）潜结党与，苏努、马齐等俱入其党。’观此可知苏努、马齐自其祖父相继以来，即为不忠。”谕中的祖父即指褚英，还说:“伊等俱欲为祖报仇，故如此结党，败坏国事。”

自雍正倒溯褚英，已有四世，而犹如此忌恨。雍正之所以算此旧账，又由于他本人与兄弟间萁豆相煎之故，亦见清代的宫廷争轧，无论关内关外，一直绵延起伏。

这里还要谈谈褚英获罪的背景。

太祖命诸子各领一旗，初意或许想保持均势而由自己统摄控制，所以，八贝勒除汗父规定的应得份额之外，若另自贪隐一物，就要革一次应得之一份，贪隐二次革二次。事实上也是这样，当时军政大权仍由太祖执掌，八贝勒只是助理的八大贵族而已。

另一方面，就八贝勒所分得的土地、兵丁、奴婢、财物等等来说，则已俨然成为一个山头。太祖一再戒谕各旗之间不可相互侵犯，不可贪图份外之物，这也等于促使他们都具有独立性，因而八大贝勒有权可以任意支配旗内事务，无论是否恰当，其他贝勒无权干涉。

褚英的专断横暴是事实，不光是心胸狭窄。他劝太祖勿背负明室，动机如何不得而知，但也是很大胆的，明明是触在刀口上。后来用巫术诅咒太祖及诸弟，又见得其人的阴狠。但他为什么一执政就对诸弟威胁压制呢？一方面是下马威，一方面见得兄弟之间本不相容，这些人能够拥有一个山头，平日的权欲和野心也在不断膨胀，这时更加咽不下这口气，又怎肯平白地俯首就范呢？太祖在世时尚且这样，太祖一死，处境自不堪设想，与其日后难以生存，不如拼死告诉太祖。五大臣都是功高权重的家将，当年随太祖扬威沙场时，褚英还是一个娃娃。由于利害相同，故而一拍即合。他们告诉太祖的话，有煽动性、哭诉性，却不全是捏造。正因为属实，所以使太祖震怒。四子是他“爱如心肝”的，五大臣是有汗马功劳的，日后还要他们出力。褚英这样做，无异在打击太祖本人，在向汗父挑战示威，因此，这就不仅仅是褚英和四弟五臣之间的倾轧，而是上升为更为恶性的老汗与新汗之间权力上的斗争，也可说是未遂的宫廷政变。

天命六年（1621年）正月，太祖召集代善、阿敏、莽古尔泰、皇太极等，祝告天地，焚香设誓：“吾子孙中纵有不善者，天可灭之，勿令刑伤，以开杀戮之端。如有残忍之人，不待天诛，遽兴操戈之念，天地岂不知之？若此者，亦当夺其算。昆弟中若有作乱者，明知之而不加害，俱怀礼仪之心，以化导其愚顽。”（《清太祖实录》）也许太祖鉴于自己过去囚弟杀子的惨剧而有忏悔之意，所谓现身说法者是。然而权力毕竟比太祖高皇帝的训诫更富于魔力，天地神祇更是束手无策，还是《红楼梦》中林妹妹说得最巧妙：“但凡家庭之事，不是东风压了西风，就是西风压了东风。”（《红楼梦》第八十二回）

（原载《清代宫廷政变录》，香港中华书局1992年8月版）

一代枭雄与世长辞

天命六年（1621年），清太祖自统大军，水陆并进，进攻沈阳，明军以万余人当数倍之众，展开血战，结果仍被歼灭。太祖之所以能取得大捷，亦因事先派人潜入沈阳，联络城内的蒙古饥民以为内应之故。

沈阳攻陷后，太祖召集诸贝勒、大臣商议后又进攻辽东的首府辽阳。不久，辽阳也被攻陷。至此，辽河以东，已无明朝完土。在追逐过程中，后金官兵把汉民驱徙到河东，分给八族官兵为奴，即清代包衣的来源，属上三旗（指镶黄、正黄、正白）隶于内务府。既附旗籍后，便不问其原来氏族。曹雪芹的先世就是包衣，隶正白旗。

沈、辽到手后，太祖又问诸贝勒、大臣今后应移居辽阳还是回到赫图阿拉（兴京）？大家以“还国”相答。太祖说：“国之所重，在土地人民。今还师，则辽阳一城，敌且复至，据而固守，周遭百姓，必将逃匿山谷，不复为我有矣。舍已得之疆土而还，后必复烦征讨，非计之得也。且此地，乃明及朝鲜、蒙古接壤要害之区，天既与我，即宜居之。”[①]众人都觉得很对，于是决定迁都。

这时还是明代天启年间，太祖还不可能有进窥关内，灭明称帝的意图，但也见得他在谋略上确有高出众人的卓见。

---

① 见《清太祖实录》。

迁都之议决定后，诸福晋（夫人）在众贝勒迎接下来到辽阳，踏着芦席上铺设的红地毡，进入汗的衙门里。因为辽阳旧城年久倾颓，而东南有朝鲜，北有蒙古，都未宁贴，故须更筑坚城，乃下令降附之民筑城，筑于城东太子河畔，并兴建宫殿、城池、坛庙、衙署，称为东京。

当时的沈阳城只有辽阳城的一半，但太祖鉴于沈阳比辽阳更有发展前途，又想迁都沈阳。

在迁都辽阳时，诸贝勒、大臣本来就不赞成，这次又以力役繁兴，民不堪虐为理由向太祖力谏。太祖列举了迁沈的许多好处：其地四通八达，征明、征蒙古、征朝鲜皆便利；近处多河流，顺流而下又便于砍伐木材；出游打猎，山近兽多。最后，他责问道："吾等虑已定，故欲迁都，汝等何故不从？"接着，他于初三日出东京，宿虎皮驿，初四日至沈阳。从两次迁都上，都表现出他果敢专断的性格。

沈阳后来称为盛京，满文音译为穆克屯和屯。城中的大政殿和十王亭是宫殿的主体建筑，大政殿坐北朝南，台基上矗立朱红圆柱，形状为亭子式八角重檐建筑，顶铺黄琉璃瓦，殿的八脊顶端聚成尖状，上设相轮宝珠与八力士宝顶，体现出喇嘛教色彩，十王亭分列左右。它保存到今天，也成为一座完整的清故宫。全部建筑面积六万多平方米，屋子三百余间，西路有戏台，储存《四库全书》的文溯阁即在西路。

这时的关外，明室尚驻有重兵，所以两方常在战斗。天命十年(1625年)，太祖得知明辽东经略易人[①]，新任经略高第怯弱惧战，主动放弃关外诸城，企图退守关内，只有宁前道袁崇焕拒不从命，坚守宁远(今辽宁兴城）孤城。太祖以为这是一个好机会，便于次年正月十四日，亲率六万大军进击。二十三日到达宁远，越城五里横截山海关大路驻营，企图割断关内外的联系。但他又知道袁崇焕颇有智谋，而清兵星夜疾驰，士马困疲，所以不敢轻意攻城，乃先遣使诱降袁崇焕，却为崇焕拒绝。

---

① 经略，官名，权任极重，在总督之上。

宁远城为袁崇焕亲自督修，城脚以大石头砌成，袁营有兵四五万人，其中有善于用火器的闽卒，架设新从葡萄牙输入的红衣炮①。城西龙宫寺的囤粮也运入觉华岛，又命士兵凿冰十五里，以防清兵履冰入岛。袁崇焕本人刺臂写血书，烹体肉，激励守城军民，誓与孤城共存亡。

太祖见劝降不成，便发动猛攻，城上明军即以红衣炮轰击。清军前锋攻城兵，身披铁铠二重，号为“铁头子”，推动双轮战车进逼。战车用槐榆二木做成，厚八寸，上覆生牛皮，内藏勇士（敢死队）数人，靠近城墙时勇士在内凿城。明军则制成护城的木柜，半边卡在城堞之内，半边伸出墙外，柜中甲士俯下射箭，但仍无法击退“铁头子”。而城墙下半截已有数十处被凿损，百姓大为惊慌，袁崇焕身先士卒，命令以柴草浇上油，再加火药，用铁绳系至城下，然后以柴、棉等掺硝磺、松脂焚烧。清兵战车起火，铁头子只好退下，明军乘机发炮猛轰，清太祖突然中炮受伤，八旗兵于是退至龙宫寺结集。

后来清兵一度踏上觉华岛，占领了东山、西山，屠杀了明方的军民，烧毁岛上的粮草。但想到明朝援军四面逼来，太祖又在重伤中，便迅即撤离至兴水县的白塔峪扎营。太祖也深为懊悔，二月初九日回到沈阳。

这一战役，就死伤人数说，明方大于清方，仅觉华岛便达三万余人。以孤城而奋战如此惨烈，无论汉满，士兵的战斗力还是表现得十分勇猛的，并说明火力已在战争中占了重要地位。而清太祖的失败，轻敌是主要的原因。

太祖败归养伤后，仍然亲自督师出战。这一次的敌人是蒙古巴林部的囊奴克，最终被皇太极（即清太宗）放箭落马，包围了囊奴克营寨，将牲畜、财物全部掠走，蒙古的科尔沁诸贝勒大首领鄂巴台吉遂前

---

① 红衣炮，本名红夷炮，明代于正德年间输入，因清人讳“夷”字，乃改名。后皇太极招徕明工匠仿制，名曰“天佑助威大将军”。

来通好朝拜[①]，便将鄂巴招为女婿。但这些其实是在夸耀太宗皇太极的武功。

太祖在宁远之役后，虽然又曾出征蒙古，并且获得胜利，但百战老将，受此败绩，对方却是四十岁的初战文臣。他身上的创伤又未曾完全治愈，这对他心灵上自必产生很大震动。儿子那么多，都在战争中立过功，自己已到六十八岁，将来应当由谁来嗣位，能不能像他那样英明精悍呢？他谆谆劝导诸子要互相和睦，不得偏私，这与民间一般的家训绝不相同，实际是深怀隐忧。太祖后期的作战，多半得力于父子兵，而在父子兵的壮大过程中，却随时萌含家庭之变的因素，即为政变提供条件。谁都是汗父之子，谁都可以恃功而坐南面。他曾经想以褚英嗣位，可是最后却成为他的对头，甚至要诅咒他死亡，那么，还有谁可以信任的呢？他的同母弟舒尔哈齐曾被他幽禁而死，人到暮年，清夜扪心，能不负疚么？《清太祖实录》三月三日，曾记有这样一段话：

> 吾思虑之事甚多，意者朕心倦惰而不留心于治道欤？国势安危、民情甘苦而不省察欤？功勋正直之人有所颠倒欤？吾虑子嗣中果有效吾尽心为国者否？大臣等果俱勤谨于政事否？

也许还有些不能记载或未曾宣泄的内心活动。这一切使他在有限的岁月中，有着极其沉重的心理负荷，被痛苦、悔恨和焦急的情绪磨耗着。

天命十一年（1626年）七月间，太祖病势加重，前往清河温泉疗养，二贝勒阿敏为他杀牛祭神，但并无效果，便乘船顺太子河而下，并传谕大福晋阿巴亥前来迎接，会于浑河。大福晋到达后，又溯流至叆鸡堡（距沈阳城四十里）。这说明太祖对大福晋是很宠爱的。八月十一日，

---

① 台吉，借自蒙古语，蒙语又出自汉语“太子”一词，这里意为王子。

太祖因背疽突发，与世长辞。

日本稻叶君山《清朝全史》第十二章云：“然太祖之柩未冷，宫庭之间，又演出惨剧。”这惨剧，首先表现在对一个妇女身上，即太祖的妃子阿巴亥。

（原载《清代宫廷政变录》，香港中华书局1992年8月版）

大福晋殉葬案

清太祖的孝慈皇后是叶赫部首领杨吉砮幼女①，姓纳喇氏，名孟古姐姐，十四岁嫁太祖，这就是后来继位的清太宗皇太极之母。后又娶另一纳喇氏阿巴亥，年才十二岁，少于太祖三十岁。她是乌喇部首领布占泰的侄女，而布占泰却是太祖女婿。阿巴亥生下三个儿子：阿济格、多尔衮、多铎。她长得很漂亮很伶俐，孝慈死后，她即立为大妃（皇后）。

在《满洲老档秘录·大福晋获罪大归》中，却有这样一段记载：太祖另一个妃子泰察氏，先已向太祖告发宫婢纳扎与人私通事。到太祖天命五年（1620年）三月，又向太祖告发，大福晋（阿巴亥）给了大贝勒两次酒食，大贝勒受而食之，给了四贝勒一次酒食，四贝勒受而未食。而且，大福晋日必二三次遣人到大贝勒家，又曾深夜出宫二三次。太祖闻言，便命侍卫彻查，得悉泰察并非诬告。

代善是元妃佟佳氏所生儿子，佟佳氏是最早嫁太祖的一个妻子，代善之兄为褚英，因褚英被太祖处死，代善便当作长子，故称大贝勒。四贝勒指皇太极，皇太极为太祖第八子，他在“四大贝勒”中为第四名，故称四贝勒。

太祖起先说过，他若逝世，即将大福晋及她所生诸子托付大贝勒，

---

① 杨吉砮后来被明将李成梁所杀，儿子纳林布禄继为贝勒，也为李成梁袭破，而太祖年轻时又曾被李成梁抚养。孝慈后病重时，想见一见她的母亲，太祖遣使臣往迎，不被纳林布禄所许。这是因为仇恨李成梁而迁怒于太祖之故。

所以大福晋倾心于大贝勒。每值赐宴会议之际，必艳妆往来大贝勒之侧。众贝勒、诸大臣虽微有所知，只是私自腹诽，不敢直告太祖，生怕冒犯大贝勒和大福晋。

太祖不想以此暧昧事加罪大贝勒，便借口大福晋窃藏金帛，派人查抄，查抄的官吏至界凡[①]，大福晋急以金帛三包，送至侍卫扈尔汉所居山上，后为扈尔汉发觉，告诉太祖。太祖立即派人往山上查察，果然属实，便将扈尔汉家中收容财物的奴婢杀死。蒙古福晋又告小阿哥家也藏有彩帛三百端，大福晋娘家也抄出银钱满箱。大福晋还以朝服私给参将之妻，以财物私给村民。太祖大怒，便以大福晋罪状告知众人。这时大福晋遗留宫中的衣物已经不多了。

大福晋个人有这么多财物，正见太祖平日掳掠之多，她可以随意分送给别人，又见得大胆专擅，而这自然因为向来恃宠的缘故。

太祖因皇妃泰察不避嫌怨，首先告发，故而宠以侍膳。对大福晋的处置，“实属罪无可逭，唯念三子一女，遽失所恃，不免心中悲痛，姑宽其死，遣令大归”。这是说，大福晋的罪状由于私藏金帛，擅自授赠，最后则以驱逐了之。想必为了家丑不可外扬，对大贝勒代善也未予处分。

但大福晋的大归只有一年光景，后来又因太祖患病而召回。

到了太祖死后，大福晋和她三个儿子，便成为孤儿寡妇，阿济格只有二十一岁，多尔衮十四岁，大福晋的悲惨末日跟着来了。

《清太祖武皇帝实录》云：

（孝慈后）崩后复立兀（纳）喇国满泰贝勒女为后，饶丰姿，然心怀嫉妒，每致帝不悦，虽有机变，终为帝之明所制。帝以己死后，留之恐后为国乱，预遗言于诸王曰：“俟吾终，必令殉之。”诸王以帝遗言告后，后支吾不从。诸王曰：“先帝有命，虽欲不从，不可得也。”后

① 界凡，原为太祖攻明时一个重镇，在迁往沈阳前，他就驻在那里。

遂服礼衣，尽以珠宝饰之，哀谓诸王曰："吾自十二岁事先帝，丰衣美食，已二十六年，吾不忍离，故相从于地下。吾二幼子多儿哄（多尔衮）、多躲（多铎），当恩养之。"诸王泣而对曰："二幼弟吾等若不恩养，是忘父也，岂有不恩养之理？"于是后于十二日辛亥辰时自尽，寿三十七，乃与帝同柩，巳时出宫，安厝于沈阳城内西北角。又有二妃阿迹根、代因札亦殉之。

这部《实录》是各版中最早的一种，尚未删改，如多儿哄、多躲的名字，还是原始的写法，又质朴地记下了一幕活生生的人间惨剧。

郑天挺《探微集》中曾举清太宗死，二章京殉死，世祖死，栋鄂妃殉死，孝慈后死，太祖命四婢殉之，多尔衮死，侍女吴尔库尼殉死事件。可见妻妾殉死，奴婢殉主，是满洲的旧俗，并不限于殉君上。殉葬的理由是赴阴间去侍候主子，皇帝对后妃其实也是主子。其中有的是自愿的，有的是强迫的，自愿者恐也是受到了压力。太祖大臣雅荪，曾自誓欲殉葬，后又图谋逃奔，因而为太宗所杀。

从上述《实录》首段来看，太祖恐怕大福晋日后将乱国，故有"俟吾终，必令殉之"的遗命，这话是否可靠，原是疑问。即使说过，古人也谓之"乱命"，太宗等自可不从。大福晋如不死，阿济格、多尔衮的年龄虽比皇太极小，但凭大福晋的才能，使儿子僭位为君，也很有可能，所以，对太祖的遗命，学者即有疑议。

太祖病重时，为什么又召回大福晋呢？是不是要她特地来殉葬，这是很难说得通的。太祖晚年，对过去幽弟杀子的举措已隐感痛心，当不至再有这样忍心的遗命。多尔衮是他心爱的儿子，他怎么会让十四岁的儿子成为无父无母之人？他对大福晋还是有感情的，大福晋和代善有暧昧关系当是事实，要杀早就杀了。病重时要她回来，自是商量身后之事。日本稻叶君山《清朝全史》（但焘译）第十二章，对此事曾有评论：

> 吾人推求其故，当由于太宗争夺汗位，出此隐谋。谓出于太祖之遗言，其实与事实上适相违反也。就朝鲜所闻，则太祖临死时谓贵永介（指代善）曰：“九王（指多尔衮）当立而年幼，汝摄位后，可传九王也。”贵永介以嫌疑，遂让洪太氏（指皇太极）。……是太祖欲以最宠所出之多尔衮继汗位，因子幼母寡，暂以长子摄位，其心苦矣。然而太宗前半生之骨肉相贼（残），祸因亦自此始。

文中的“就朝鲜所闻”，是指朝鲜人李肯翊所著《然藜室记述》二十七所记[1]，但这时多尔衮地位还不高，还未成为一个旗主，所以太祖已有传位与多尔衮之意未必符合事实。不过，如前所说，他的能干的生母大福晋如活下去，对皇太极势必成为一种威胁，稻叶氏推测皇太极逼继母殉死，出于争位的隐谋，却是很有道理的。

顺治帝是皇太极的儿子，孝慈皇后的嫡亲孙子，多尔衮是大福晋的儿子。这两位皇后都姓纳喇氏。入关以后，她们都已身殁，而属于这两个女人系统的明争暗斗，却仍很激烈，顺治的生母孝庄后，又有下嫁多尔衮的传说。民间本有“清官难断家务事”的谚语，到了宫闱之间，又介入政权的争夺，更显得错综复杂了。

（原载《饮河录》，中国社会科学出版社 1997 年 6 月版）

---

① 见《清人入关前史料选辑》第一辑。

从政敌到拥立

太祖生前，对自己能否必成帝业本无把握。他逝世时，明朝还是天启七年（1627年），所以，他也未曾有建储继立的明文。他起先曾属意于长子褚英，褚英不得其死，便令次子代善执政，可是代善又与大福晋发生了暧昧关系。其次，代善的住宅比太祖宫殿讲究，众贝勒要代善迁出，作他们宴饮、集会的衙署，代善不肯，因而又招致太祖的不满。还有，代善次子硕托投明未遂，太祖得悉这是因为代善听信后妻谗言，要杀死硕托，迫使硕托欲叛逃，诸贝勒大臣所以不说话，是因害怕代善夫妇之故，太祖便斥责代善："像你这种人如何够资格当一国之君？"

这是代善所以为太祖憎恶的原因。

据《太祖武皇帝实录》：天命七年（1622年），八固山王（即八和硕贝勒）等问太祖，我等何人可嗣父皇。太祖说："继我而为君者，毋令强势之人为之。此等人一为国君，恐倚强恃势，获罪于天也。八固山王，尔等中有才德能受谏者，可继我之位。"下面则申阐八固山王共理国政的好处，也即八旗自决的重要性。

孟森《八旗制度考实》说："此段文字为太祖制定国体之大训，非太宗所心愿。"这分析是很中肯的。

后来太祖逝世了，据王氏《东华录·太宗》，是这样记载着：

大贝勒代善长子岳托、第三子萨哈廉告代善曰："国不可一日无君，宜早定大计。四贝勒才德冠世，深契先帝圣心，众皆悦服，当速继大位。”代善曰：“此吾素志也。天人允协，其谁不从？”次日，代善书其议，以示诸贝勒，皆曰善。

下面记太宗（皇太极）再三辞谢，众人坚请不已，才始答应。此亦历来之官样文章，在官样文章的背面，我们所见到的，却是代善与太宗皇太极之间的矛盾，早就很尖锐了。

太祖生前，虽未明言将传位于太宗，但后期对太宗确有偏爱，这自必引起代善的猜忌。天命四年（1619 年）萨尔浒之战，代善请示太祖后，挥师东向，太宗却不顾太祖的劝阻，抢战于代善之前，冲上山岗立功。可见太宗咄咄逼人之势。

而最突出的是天命六年（1621 年）九月，太祖向其亲信阿敦（太祖从弟）询问诸子中谁可继位，阿敦起先不敢明白表示，只说：“知子莫若父，谁敢有言？”太祖要他直说，他便说：“智勇俱全，人皆称道者可。”太祖知道这是指太宗。

这次密语却为代善得知，因而对太宗“深衔之”。阿敦又密告代善说，皇太极和莽古尔泰、阿济格要杀害你，事机紧迫，须加防备。代善乃向太祖哭诉，太祖将莽古尔泰等三人招来，都矢口否认。太祖以为阿敦在挑拨离间，便将阿敦逮捕，指责他“讲有损国政的话，另讲其他诸小贝勒的坏话”。诸贝勒、大臣主张将他打死在八旗内，太祖却命人将他拴上铁锁监禁起来。

代善为什么要“深衔之”？自然是自己很想继承父位，这时唯一能和代善抗争的只有太宗。《满文老档·太祖朝》还记载三等副将博尔晋到监禁地方，当着莽古尔泰的面为阿敦鸣不平，责问诸贝勒不应以太祖之好恶而转移对阿敦的态度，博尔晋何以如此大胆？此事连朝鲜使臣郑忠信都知道，还说皇太极虽英勇超人，但内多猜忌，“潜怀弑兄之计”[①]，这

① 见吴晗辑《朝鲜李朝实录中的中国史料》第八册。

和阿敦密告皇太极要杀害代善的话也是符合的。但阿敦既对太祖暗示皇太极可嗣位，似对皇太极有好感，为什么后来又向代善密告？这一点却很使人费解。

不管怎么说，太宗和代善兄弟之间的关系，在太祖生前已经十分恶化，却是不争的事实。

王氏《东华录》所记代善拥立太宗，固非虚构，可是这时已是大势所趋，太宗的实力已远过于代善，代善在大福晋事件上恐也声誉下降，不为清议所容，因而只能拥立太宗。

太宗即位后，逢到朝会行礼，代善、莽古尔泰一同随太宗南面坐受诸大臣朝见，后因莽古尔泰犯有“御前拔刃罪”，诸贝勒因言，莽古尔泰不当与皇上并坐。太宗说:“曩与并坐，今不与坐，恐他国闻之，不知彼过，反疑前后互异。”随即命代善与众共议。太宗为什么要指定代善与众共议？代善当然很明白，因为莽古尔泰今后不能再并坐，已是不在话下了，那末，能并坐的只有代善一人了。代善主动说:“我等奉上居大位，又与上并列而坐，甚非此心所安。自今以后，上南面居中坐，我与莽古尔泰侍坐于侧，外国蒙古诸贝勒，坐于我等之下，方为允协。”众贝勒皆赞同，从此便彻底改变过去八贝勒共议国事的遗制。

这个事件的起因，原只对付莽古尔泰一人，结果却一箭双雕，把代善也和平地拉了下来，太宗之权谋亦可于此见之。

代善自此处处小心，谨守君臣之份，太宗却步步为营，对代善戒忌深严。

天聪九年（1635 年），太宗把归顺的蒙古察哈尔汗的伯奇福晋赐豪格（太宗第一子）为妃。豪格本有妻子，就是太宗姊姊（哈达公主）莽古济的女儿，莽古济因而怨恨太宗，愤曰：“吾女尚在，何得又与豪格贝勒一妻也？”有一次，她路过代善营前，代善请她入内，款待馈赠。这原是兄妹之间的寻常往来。太宗却闻而大怒，派人往代善及其子萨哈廉处责问，莽古济在太祖时专以暴戾谮毁为事，代善原本与她不和睦，但因她怨恨太宗之故，便将她请至营中宴饮，“先时何尝如此款赠耶？”

萨哈廉统摄礼部，知其事匿而不奏闻。又说太宗喜欢的人，他厌恶，太宗厌恶的人，他却喜欢，岂非有意离间?

其中还举了这样一件事：济尔哈朗（太宗从兄）妻亡后，因察哈尔汗之妻苏泰太后，是他亡妻之妹，欲娶之，诸贝勒以其言奏闻，已获太宗同意。代善却“独违众论”，必欲娶苏泰太后，且屡向太宗言之，“诚心为国者固如是乎?”以此而谴责代善之非“诚心为国”，实在滑稽。又如太宗曾遣人令代善娶察哈尔囊囊福晋（已婚的妇人），代善却嫌她贫穷而拒绝，太宗又责问道:“凡娶妻当以财聘，岂有冀财物而娶之之理乎?”

此两事见于王氏《东华录》，使人如读稗官野史，太宗却以此作为责罚代善轻蔑君主的罪名，也说明当时满洲王公贵族的娶妻观念，极为随便，身为国君，竟会允许其宗室娶亡国的蒙古部族的太后，且因此而引起一件公案。如果出于明朝的国君，就要被看作昏君了。

诸贝勒、大臣将代善的罪状列为四条，并拟议革去代善和硕贝勒名号，另加处罚。太宗则从宽只罚银马甲胄。

崇德二年（1637年），太宗御崇政殿，又谕责代善在入侵朝鲜时，违旨以所获粮米喂马及选用护卫溢额，凡事越份妄行，下面又举了代善种种过错，其中说:“夫好行不义，虽恭敬，朕亦不喜。”又说:“不然，阳为恭敬，阴怀异心，非朕意也。”从这里我们也可看到，代善当时对太宗是很恭敬的，太宗却以为是虚伪的，甚至是另有“阴怀”的，那就无法说得明白了。有一点却是明白的：代善起先曾是太宗的政敌，后虽拥立，但太宗意识中仍有潜在的敌情，故而必须挫损他的威信，遏制他的势力，所以连以粮米喂马也要看作罪名。虽然这是“违旨”的，但违旨的事情何止这些。然而从权力争斗的眼光来看，这一切也有它的必要。

代善随太祖征战以来，也是父子兵中的骁将，可是在运用权谋和手腕上，太宗就要比代善高出许多。

（原载《清代宫廷政变录》，香港中华书局1992年8月版）

家奴告主酿成大狱

莽古尔泰是太祖第五子，太宗异母兄。母亲富察氏，名衮代，原为再嫁之妇。天命五年（1620年），衮代以得罪太祖死，得罪的原因不详。有些书上，将她和与代善有暧昧关系的大福晋纳喇氏混为一人，这是错误的。因为纳喇氏发生这一事件时，富察氏已经死了[①]。

莽古尔泰是正蓝旗旗主，四大贝勒之一。上篇中曾说他起先和太宗、代善同坐而受大臣朝见，足见他在当时满洲政权中的地位。太宗誓告天地时，有“我若不敬兄长，不爱弟侄，天地鉴谴”语，这虽是即位之初，亟欲皇族内部共济国政的话，但也意味着此时太宗与莽古尔泰等尚是平等的兄弟关系，而三大贝勒也俨然以父兄资格“善待子弟”（小贝勒），自也非太宗所乐闻。

太祖在世时，对汗位的继承人问题上，莽古尔泰倾向于太宗，而反对代善，其中也含有自己继位的私人意图。因为论年齿，代善长于莽古尔泰，莽古尔泰又长于太宗，代善若不嗣位，莽古尔泰尚有希望。后虽和诸人共拥太宗，而两人间的倾轧也逐渐加深。

但莽古尔泰在四大贝勒中，却是战绩平庸，有勇无谋的人，朝鲜使臣郑忠信，就说他在太祖诸子中乃“无足称者”。他与太宗的冲突，表现得最露骨的是天聪五年（1631年）大凌河之战时，事见王氏《东

---

① 详见《清代帝王后妃传》中沈长吉、王佩环《从乌拉纳喇氏殉葬看清初皇权斗争》一文。

华录》：莽古尔泰与太宗因差遣人员事发生争执，太宗愤而欲乘马离去，莽古尔泰说："皇上宜从公开谕，奈何独与我为难？我正以皇上之故，一切承顺，乃意犹未释，而欲杀我耶？"言毕，举佩刀柄前向，频摩视之。其同母弟德格类斥以"举动大悖"，以拳殴之，莽古尔泰遂抽刀出鞘，德格类推之而出。事后，太宗怒责众侍卫曰："朕恩养尔等何用，彼露刃欲犯朕，尔等奈何不拔刀趋立朕前耶？"到了薄暮，莽古尔泰率四人，遣人往太宗营前奏曰："臣以枵腹饮酒四卮，对上狂言，竟不自知，今叩首请罪于上。"后经众议，革去大贝勒名号及其他处罚。

这时太宗即位已五年，如果不是平日积怨深久，何至不惜冒大逆的罪名，用这种行动对付太宗？至次年十二月，莽古尔泰即因气愤暴卒，年四十六。

一年后，莽古尔泰所属的正蓝旗固山额真觉罗色勒[1]，率领大臣及亲戚二十五人，为莽古尔泰扫墓。祭毕，强谒莽古尔泰福晋献酒，并有很多人大醉。事为太宗得知，乃召集大臣会议。众议色勒醉于福晋前，失礼，拟斩。福晋于扫墓时不知哀戚，不禁止男子至内饮酒，拟处刑。太宗从宽免死，命诸福晋前往唾面辱骂。大家可以想象，这种羞辱是很难承受的。又可看到，正蓝旗人员对故主莽古尔泰还是非常尊敬、悼念的，因而有后面叙述的大厮杀事件。

莽古尔泰之妹莽古济[2]，曾嫁蒙古敖汉部长琐诺木。她有个家仆冷僧机，虽出身卑微，却机灵狡黠，善于钻营取巧。这时莽古尔泰和弟德格类相继身亡，冷僧机便往营部首告，说莽古尔泰兄弟、莽古济夫妇及屯布禄、爱巴礼、冷僧机本人跪焚誓词，"言我莽古尔泰已结怨于皇上，尔等助我，事济之后，如视尔等不如我者，天其鉴之"。莽古济夫妇亦誓云："我等阳事皇上而阴助尔，如不践言，天其鉴之。"（《清太宗实录》）又说莽古尔泰密谋要夺御座。在抄他家时，又抄出木牌印十六枚，上面刻的都

---

① 额真，管旗的官员，后改章京，汉语为都统。觉罗，意为宗族。

② 莽古济原为哈达部落孟革卜卤之妻，故称哈达公主。后孟革卜卤被杀，清太祖乃将莽古济嫁与孟的儿子吴儿户代。吴儿户代死后，又嫁琐诺木。她死时约四十余岁。

是“金国皇帝之印”[1]。最后，将莽古济和儿子额必伦处死，屯布禄、爱巴礼，并其亲支兄弟子侄俱磔于市，正蓝旗并入太宗旗份。

冷僧机本人因为也曾参预密谋，众议“以自首免坐，亦无功”，可见大家对他原很鄙薄。太宗却以为“冷僧机若不首告，其谋何由而知？今以冷僧机为无功，何以劝后？”复议乃授冷僧机世袭三等梅勒章京，并给同案犯官家产，免其徭役。过去，奴婢告主，为防家主报复，拨与他人为奴。这次太宗一反常例，对冷僧机特别嘉奖，其实是在表示对完成这一大狱的快意。

到了世祖时，冷僧机又竭力巴结多尔衮，盛称拥立世祖之功，一面却挑拨世祖与两黄旗大臣的关系。后来多尔衮被削爵，冷僧机被看作党羽而斩首，正如俗语所谓“瓦罐不离井上破”。

太宗剪除莽古尔泰集团后，有五名“夷人”从本土逃奔至明，宣府（府治河北宣化）巡抚陈新甲向投奔者问“东奴消息如何”，回答道，两家相争厮杀，太宗将莽古尔泰三个儿子杀死，还杀了当紧的夷人一千余人，其余人马俱都收了，分在八哨官儿所管[2]。所谓夷人，其实便是原来的正蓝旗成员，“当紧”是重要的意思。这说明正蓝旗始终效忠于莽古尔泰集团，后来被并入太宗旗份下，仍不服帖，于是引起反抗，展开厮杀，也是这次大狱的尾声。

不仅如此，当莽古尔泰向太宗叩头请罪后，代善之子岳托即为他鸣不平:“蓝旗贝勒独坐而哭，殊可悯，不知皇上与彼有何怨耶？”（《清太宗实录》）其次，莽古尔泰之弟德格类被牵连时，众贝勒闻而皆怒，唯独岳托变色道:“贝勒德格类焉有此？必妄言也，或者词连我耶？”

莽古济的长女为岳托妻，次女为豪格（太宗第一子）妻。岳托为莽古尔泰、德格类鸣不平，恐也因为是莽氏女婿之故，所以太宗责他“偏听哈达公主”（即莽古济）。后来豪格以莽古济欲害他父亲（太宗），

---

① 清太祖时曾称国号为金，史称后金。

② 见《明清史料甲编》所录《宣约巡抚陈新甲塘报》。

岂可与害吾父者之女同处，因而将其妻杀死。岳托闻讯后上奏说：“豪格既杀其妻，臣妻亦难姑容。”太宗亟遣人阻止。

这是政争带来的残忍的变态心理，又说明当时妇女的悲惨命运，但岳托欲杀其妻却是被动的。不久，他本人又因莽古尔泰案由王爵降为贝勒，罢兵部任。

岳托的妻子虽未被处死，却常受歧视，动辄得咎。

崇德二年（1637年），岳托在“暂令不得出门”期间，蒙古却送女与岳托为妻。翌年，这位新福晋却向刑部控告大福晋（即莽古济之女），设食时“摘我额上一发，似是魇魅之术”。大福晋辩白说：“适见尔发上有虮子，为尔捉之，误摘尔发，已于尔面前掷之矣。”刑部居然以论死奏上。太宗说，大福晋的母亲和妹妹（指豪格妻）已因罪伏诛，我若处以重罪，她将说我因仇恨其母，故入其罪，若从轻处置，她又怎能理会我的恩意？因而索性不表态。于是诸权贵又议以魇魅罪而定斩不赦。最后还是太宗降旨免死，但在家另室居住，不得至岳托所，岳托亦不得往视。

事情很明白，这位新福晋是在打下马威，结果达到了目的。刑部诸公则是出于势利，因为这时大福晋已经伶仃一人，而且打入另册了。

崇德三年（1638年），岳托在征明之战中又被起用，连克十九城。次年正月，在攻陷济南后，因染天花病逝世，年四十一岁，这时他父亲代善尚在世。太宗闻而大恸，辍朝三日，追封他为克动郡王，其妻福晋从死。

谁知半年后，岳托又被部下告发生前曾与莽古济丈夫琐诺木（即岳托的岳父）入内室密语，太宗也责他萌不轨之心。代善等以为“当按律惩治，抛其骨，戮其子”。太宗以其已死，免予追究。后至康熙、乾隆朝时平反，清廷为他立碑纪功，配享太庙，入盛京贤王祠。

宫廷的派系，政海的风波，一向复杂险恶。莽古尔泰集团不甘屈服于太宗而怀异谋，也是事实，只是生前政变未遂，身后大狱踵起，而卷入这一漩涡中的人处境极为艰难，岳托的大福晋就是悲惨的一个。

（原载《清代宫廷政变录》，香港中华书局1992年8月版）

另立门户身死牢狱

太祖同母弟舒尔哈齐被幽禁而死，已详述于《宫廷政变的边缘》一节，到太宗时，舒尔哈齐的次子阿敏，也被囚禁而殒命了。

阿敏是太宗堂弟，为清入关前四大贝勒之一。按照齿序，他居莽古尔泰、太宗（皇太极）之前，称二贝勒，任镶蓝旗主旗贝勒。天命六年（1621年），太祖和子侄八人焚香告天，儆戒子孙，勿自相操戈，其中即有阿敏，可见他当时地位的重要。

舒尔哈齐欲携所属移居黑扯木，阿敏预闻此事，太祖怒而欲诛阿敏，赖诸贝勒劝解得免。但阿敏另立门户的念头，始终未曾泯灭，说明皇族内部的派系已在酝酿。

太宗即位，阿敏也附议拥立，可是当诸大臣哭太祖之灵时，阿敏却派傅尔丹向太宗说："我与诸贝勒议立尔为主，尔即位后，使我出居外藩可也。"实则想另立门户。太宗深为骇异，并说："若令其出居外藩，则两红、两白（应是两黄，因正白旗为太宗统辖）、正蓝旗等，亦宜出居于外，朕统率何人，何以为主乎？若从此言，是自弱其国也。"他又问阿敏之弟济尔哈朗，济尔哈朗说："彼曾告于我，我以其言乖谬，力劝阻之，彼反责我懦弱，我用是不复与闻。"阿敏的亲信，亦行为反常，语言乖异，扬言"谁畏谁，谁奈谁何？"（见《清太宗实录》）可见两派剑拔弩张之势。济尔哈朗劝阻阿敏，阿敏反责其懦弱，尤见其悻悻然之状。

天聪元年（1627年），阿敏率大军征朝鲜，朝鲜国主李倧派人议和时，贝勒岳托等鉴于后金的御前军很少，蒙古与明朝，又是西南的威胁，必须防备，故于和议后即想班师。阿敏却因爱慕朝鲜城郭宫殿，一定要到王京。朝鲜降将总兵官李永芳劝阻他，却被怒斥："我岂不能杀尔蛮奴，尔何得多言？"并对其侄杜度说："他人愿去者去，我叔侄二人，可同住于此。"杜度为被太祖处死的褚英之子，用意自为离间杜度和太宗的关系，杜度却不答应。

当时七旗大臣皆欲班师，只有阿敏的镶蓝旗大臣顾三台等附和，说明镶蓝旗将士已成为他的嫡系，更助长他拥兵自尊的野心。

后来阿敏被迫班师，却鼓动领兵诸将分路纵掠三日，所到之处，男女财畜，掳掠一空。这也是一种变态的泄愤心理，实际是对太宗统治的不满。这时太宗因即位未久，故隐忍未发。

还师途中，将领将俘获之美妇进献太宗，阿敏欲自纳之。岳托说："我等出征，甚多奇物，闻朝鲜产美妇，故以此一妇进于上。"阿敏说："汝父往蒙古，不尝取美妇人乎？我取之，有何不可？"岳托说："我父所得之妇，始献之上，上不纳，而分赐诸贝勒。我父得一人，汝亦非得一人乎？"后来阿敏又使副将求美妇，太宗说："未入宫之先，何不言之？今已入宫中，如何可与？"阿敏为此而又有怨意。太宗闻知后说："为一妇人，乃致乖兄弟之好乎？"索性赐给总兵官冷格里。

这其实是丑事，暴露了后金军纪的腐败，并见得太宗本人也纳俘获的美妇，太宗却将其作为阿敏十六大罪来宣布。

天聪三年（1629年），太宗率重兵入边，攻占北京东北的永平、遵化、迁安、滦州四城，阿敏留守沈阳。次年春，太宗命岳托、豪格等率军先还，阿敏出迎，至御前马馆，留守大臣，坐于两侧，阿敏居中，俨然为国君，令两贝勒遥拜一次，再近前拜一次，方行抱见礼。两贝勒中的豪格为太宗之子。按惯例，诸贝勒大臣出师而还时，太宗也乘马出迎，至御座方受跪叩，阿敏却自视如君，欺凌诸贝勒。

太宗回沈阳后，派阿敏、硕托率兵往代驻守永平之济尔哈朗（济尔哈朗为阿敏之弟），阿敏要求与济尔哈朗同驻永平，太宗未予允许。临行，阿敏对他叔父贝和济说："皇考在时，尝命吾弟与吾同行，今上即位，乃不许与吾弟同行。吾至永平，必留彼同驻，彼若不从，当以箭杀之。"贝和济责他出言谬妄，阿敏拥臂说："吾自杀吾弟，将奈吾何！"这又是针对即位不久的太宗的。

阿敏至永平时，镇守官员来迎，张一盖（作为仪仗的伞盖，俗称黄罗伞），阿敏怒曰："汉官参将游击，尚用二盖，我乃大贝勒，何只一盖乎？"遂策马入城。他以汉官来对照，正见得对汉人的卑视。所以，他进入永平后，虽谕告城中汉民安心，心中却深恨汉人，认为太宗攻明京城而不克，及克永平，就应杀其平民。他还对士兵说："我既来此，岂令尔等不饱欲而归乎？"不久，阿敏即率兵四出掳掠，又将归降的汉人驱至永平，分给八家为奴。

后来明军围攻永平，又发红衣炮轰击滦州，城楼火起，后金军队溃围而出，途中遇明军伏击，伤亡惨重。阿敏只得退出永平，还将新降汉官巡抚白养粹等杀死。

阿敏大败而归，太宗一面将阿敏等拘押听勘，一面召集诸贝勒大臣于阙下，会议阿敏罪状。议毕，命岳托历数阿敏十六大罪，说他"怙恶不悛，由来久矣"。上述这些情节，即是十六大罪中的重要部分（见王氏《东华录》）。

诸臣拟议当斩，太宗赦其一死，送高墙禁锢，永不叙用。阿敏有田庄八所，打猎围场三所，羊五百，牛二十头，满蒙汉人二十名，其子之乳母等二十人，都遭抄没，亦略见一个旗主拥有的财富。

三年后，汉降官谈大受等，以阿敏自怨自艾，悔不可及，请太宗赦释出狱，令其戴罪图功，未予采纳。

阿敏被囚十载，于崇德五年（1640年）卒于狱中，年五十四岁，结局与其父舒尔哈齐相似。

阿敏被幽禁时，其弟济尔哈朗率弟篇古和诸侄发誓承认，他们父兄行为有过失，是自罹罪戾，"若我等以有罪之父兄为是而或生异心"，必将使之夭折。至此，太祖和舒尔哈齐，太宗和阿敏两系的内讧，才算结束。

阿敏十六大罪，虽系太宗方面宣布，但阿敏是一个颇有野心的贵族，则毫无疑问。狂妄自大，骄横残忍，性格中这些坏的因素，因政争而愈益滋长，又成为政争中取败之道。他与济尔哈朗是同母弟，对太宗的态度却不相同，主要原因恐由于他起先的地位权力要比其弟高得多，镶蓝旗对他又很忠诚，故恃势而骄。他是太祖之侄，自不可能直接夺取君位，因而一心想另立门户，割据一方，和太宗对抗，所以为太宗所痛恨。由此又说明当时皇族内部倾轧的激烈，政变的火种，在关外时已经在断续地爆裂着。永平的败绩，由政争影响军事，未始不是原因之一。

（原载《清代宫廷政变录》，香港中华书局 1992 年 8 月版）

人亡争兴

崇德八年（明崇祯十六年，1643年），清太宗皇太极在料理事务后，回到盛京（沈阳）皇宫，至亥时（晚上九、十点钟），端坐在南炕上突然死了，年五十二。有的书上说他无疾而终，有的按照现象说他暴死，有的说他痰疾致死①，民间甚至说他被害而死，那是因为后来有孝庄太后（即他宠爱的庄妃）下嫁的传说而引起的。孝庄下嫁问题，至今仍是未破之谜，但被害说绝不可信。太宗曾患鼻出血，估计是中风。

次日，诸王大臣将灵柩安放在崇政殿，举哀三天。接下来的大事件是由谁继承皇位。清人入关以前，皇位的继承皆由王公大臣议立。

据《清世祖实录》，诸王公及文武群臣，"以天位不可久虚，伏睹大行皇帝第九子福临，天纵徇齐（敏慧），昌符协应，爰定议同心翊戴，嗣皇帝位"。福临即世祖，当时还是一个六岁娃娃。太宗生前并未明确指定，福临是老九，怎么会由他入承大统呢？

我们如果透过不知所云的官样文章的纱幕，就可以窥见幕后即将展开的一场激烈的争夺帝座的大决战。

决战的主将有两人，一是豪格，一是多尔衮，各自形成雄厚的集团。

豪格是太宗长子，多尔衮之侄。久经沙场，颇习弓马，史称其英

---

① 中医学对痰疾范围的解释，不仅限于呼吸系统的分泌，也包括肺、脾、肾功能的失常，如眩晕、昏厥等。

毅多智略，而又容貌不凡，后晋封肃亲王。在他祖父清太祖遗诏中，已列其名。明大臣洪承畴被围于松山，豪格指挥大军于深夜竖梯破城，承畴被俘而降。太宗在世时，命豪格与济尔哈朗（太祖之侄）、多尔衮、阿济格（太祖之子）共同理政，所以他早已跻身于清政权的领导核心。

太宗逝世后，诸王觊觎帝位，连留在盛京的朝鲜大臣，都已在“驰启”中明言“沈中且有告变者”这样严重的话，即是说，政变已在酝酿中。

由于豪格在诸王中具有许多优越的条件，除他自己的正蓝旗外，太宗的正黄、镶黄两旗又誓立豪格。大臣如图尔格（拥立豪格大臣中的首脑）、索尼等八人即往豪格家中私相计议，共相盟誓，愿死生一处。豪格乃命何洛会、扬善往告郑亲王济尔哈朗说：“两旗大臣已立定我为君，尚需尔议。”济尔哈朗当即表示，我意亦如此，但尚需与多尔衮商议（清《世祖实录》）。可见济尔哈朗也是支持的，后来便成为他的罪状。

多尔衮和多铎率领的两白旗，则主张立多尔衮。多尔衮审察当时的形势，没有贸然答应。

太宗死后第五日，多尔衮召集诸王大臣，议立嗣君。一清早，两黄旗大臣盟于大清门，令精兵护军盛张弓矢，环立宫殿，气氛十分紧张。

多尔衮征询黄旗大臣索尼意见，索尼说：“先帝有皇子在，必立其一，他非所知也。”所谓先帝之皇子，指的是太宗诸子，也即将多尔衮（太宗之弟）排除于外。礼亲王代善认为豪格当承大统，豪格表示辞让，这在当时不得不这样，后来他是懊悔的。多尔衮随即附应豪格之退让。于是代善又说：“睿王若允，我国之福，否则当立皇子。”代善已抛开豪格了。两白旗则坚决反对豪格，豪格立而“我等俱无生理”。后来两黄旗将领们，佩剑而前曰：“吾属食于帝（太宗），衣于帝，养育之恩与天同大，若不立帝子，则宁死从帝于地下而已。”（《沈阳状启》）仍然坚持应立太宗之子。到了这地步，多尔衮便提出福临来。

这时太宗尚有七个儿子（原有十一子），有的年龄比福临大，如十七岁的叶布舒，十六岁的硕塞，有的太小，只两岁，有的因其母出身低贱，本是有夫之妇，被俘入宫，而年龄在十六岁以上的，又不易支配。福临只有六岁，母子二人，已成孤儿寡妇之身，多尔衮便可以辅政身份，玩幼主于股掌之上，为所欲为，所以主客观条件都使他认为篡立不如拥立之合算。至于他这时是否已对福临之母有意图，不敢臆说。

豪格夺位之谋虽未成功，多尔衮自然仍不会放过。顺治元年(1644年)，原来支持豪格的何洛会，告发豪格图谋不轨，又曾说过多尔衮素来多病，岂能终摄政之事的话，又说“我（豪格）岂不能手裂若辈之颈而杀之乎”？这话自然大不该，豪格差一点丧命，后废为庶人。他的心腹俄莫克图、扬善等以“附王为乱”的罪名被处死。

同年十月，世祖入主燕京，恢复豪格的肃亲王爵位，但多尔衮仍对其不予重用，始终将他看作一个宿敌。顺治五年（1648年）三月，豪格于蜀中击灭张献忠后凯旋回京，贝子吞齐即首告济尔哈朗向与豪格擅谋大事，又曲徇豪格，牵连多人，济尔哈朗被降爵罚银。多尔衮又以豪格征蜀时若干微末罪名，将他幽禁于狱中，终于使豪格幽恨而死，豪格妻博尔济锦氏也为多尔衮所纳。野史说为占其妻而杀其夫，固不可靠，但两人早就相识是事实。豪格死于顺治五年，顺治六年十二月多尔衮的元妃去世，七年正月即纳豪格之妻（实为侄媳)。蛛丝马迹，大可玩味。当初多尔衮派遣豪格往僻远的川蜀作战，原是别有用心，下面的将领又是多尔衮仇恨的两黄旗成员。

顺治七年（1650年)，多尔衮死，世祖亲政，念豪格冤枉，复其王爵，后又为他立碑，文曰:“睿王摄政，掩其拓疆展土之勋，横加幽囚，迫胁之惨，忠愤激烈，竟尔沦亡。”豪格子福寿乃袭父爵，改封显亲王。这时世祖才十二岁，未必懂得多尔衮、豪格两派的是非曲直，想来还是出于反多尔衮集团的当权者的划策。

人亡争兴，本是历史上常见的现象，而帝位之争，更是衔铁血以俱赴，置身家于不顾。太祖朝是这样，太宗朝也是这样。使我们感慨的是，无论是多尔衮还是豪格，随着权欲的膨胀，这些人的性格和心理，也发展到十分可怕的地步。以豪格来说，他的岳母莽古济被太宗处死后，他竟将自己的妻子（莽古济女儿）杀死。后来被囚禁狱中时，又对人说："将我释放则已，如不释放，勿谓我系恋诸子也，我将诸子必以石击杀之。"（《清世祖实录》）"诸子"是指他自己的儿子。这是一种报复性的逆变发泄，报复的对象应当是多尔衮，对多尔衮既无法报复，便发泄在他亲人诸子身上，却又是一种何等可怕的心理。所以，豪格发动的这场政变要是成功，他对付政敌的手段也一定非常横蛮狠毒。

（原载《一盏录》，山西古籍出版社 1998 年 3 月版）

政变中的插曲

清太宗死后，觊觎帝位的，多铎也是其中之一。后来扬州十日的大屠杀，多铎就是当时的主帅。

多铎，太祖第十五子，太宗异母弟，母乌喇纳喇氏，与多尔衮则为同母弟。在开国诸王中，多铎是战功卓著的一个。在八旗中，他是实力最强的正白旗的主旗贝勒。

太宗改元崇德（1636 年），建号大清时，议叙兄弟子侄军功，多铎封和硕豫亲王，但册封的敕谕却说："考核功罪，虽无大功于国家，以父皇太祖之少子封为和硕豫亲王。"这等于是看在太祖情分上，并见太宗对这位弟弟的评价。多铎也常与太宗对抗，如太宗深恶正白旗的喀克笃礼及其宗族，多铎反加哀惜。元旦庆贺，却以瘸马进奉太宗。多铎又爱玩女色伎乐。崇德三年，多尔衮率兵掠明，太宗亲自送行，多铎假托避痘，竟不相送，就为了挟妓歌欢作乐，甚至披优伶之衣，学傅粉之态，这自然增加太宗的憎恶，但仍命他率师出征，期其立功自赎。后被明军袭击，乘机远遁，乃被太宗处罚，降为贝勒，多铎却不服气。

后因多铎击溃明总兵吴三桂，又与豪格等袭破松山，生擒明总督洪承畴，晋为多罗郡王①。但册文中仍有"困锦州之三年，同和硕肃亲

① 太宗崇德元年，定贵族爵位为亲王、郡王、贝勒、贝子、镇国公、辅国公，皆冠宝石顶，以补服（前胸及背后缀有彩绣图像的官服）、翎眼不同为差次。

王克取松山，尔虽无大功，念尔少弟”语，可见太宗对多铎始终不作过高的评价，对将臣而说“无大功”，其实是在贬抑他。

太宗逝世，诸王对帝位跃跃欲试，多尔衮虽和多铎同母，两人感情素不融洽，多铎却与豪格（比多铎长四岁）很亲近。在议立嗣君时，多铎曾劝多尔衮即位，这是否是他由衷之言，也是疑问。多尔衮犹豫未允，多铎坦率说：“若不允，当立我，我名在太祖遗诏。”多尔衮说：“肃亲王（豪格）亦有名，不独王也。”（《清史稿·索尼传》）多尔衮原意，当然不是要立豪格，多铎因而颇为不快，并促成他和豪格之间的结托。

上文曾经提到多铎性爱声色，这还只是属于挟妓。世祖即位两月后，他竟然谋夺大学士范文程之妻。文程由明之生员归清，事在太祖时，深为太宗尊重，清人列为开国宰辅，年龄比多铎大了十八岁，这时已是四十八岁，其妻的年龄当亦不小。其事载于《清世祖实录》，非野史传闻，则多铎为人的荒唐尤可想见。

事情发觉后，多铎罚银一千两，并夺十五牛录[①]。豪格知其事而不举发，罚银三千两。这件事起先只有豪格一人知道，可见两人关系的密切，而豪格所罚之银反过于主犯三倍。不久，豪格和多铎外出放鹰，日久始归，多铎又猎于山林禁地，豪格不予制止，因此又被议罚。这对他们原是小事，却说明两人行迹之密。

当郑亲王济尔哈朗议立豪格时，多铎曾加阻止，后来颇为懊悔，曾对豪格说：“由今思之，殆失计矣。今愿出力效死于前。”（《清世祖实录》）这话也是半真半假。世祖未即位时，帝位尚在明争暗斗中，还不知鹿死谁手，多铎自不希望豪格取得，如今大家都失败了，便兴同病相怜之感，不惜用誓言讨好昔日之政敌。人情反复，恩怨由利害而转移，在政争中原是常见的事例，同时反映了失败者的真实心理。

顺治二年（1645 年），清军分二路南下。四月十五日，南明降将接引清军至扬州城下，多铎数次遣人招降明督师史可法，皆被严拒。二十

① 牛录，一种军事编制，三百人为一牛录，为八旗组织的基本单位。

五日，清军以红衣炮轰城，城之西北角崩裂，史可法知大势已去，即持刀自刎，为参将许瑾双手抱住而未死，被清军执送多铎军前，终于不屈而死。多铎遂下令屠城，至四月底封刀，据《焚户簿》所载，被杀者有八十余万之多，其他被掳掠及自杀者还不在内。

唐杜荀鹤有一首名篇《再经胡城县》云：

去岁曾经此县城，县民无口不冤声。
今来县宰加朱绂，便是苍生血染成。

胡城县在今安徽阜阳西。这虽是咏晚唐的事，但同样适用于其他朝代。清代官员帽顶以红为贵，其间也不乏以老百姓之血染成的。

史可法死后，家人曾觅其遗骸，因天暑蒸变，无法辨识。至次年，乃将可法的袍笏招魂葬于扬州城外的梅花岭。乾隆年间，诗人蒋士铨有诗吊之云：

号令难安四镇强，甘同马革自沉湘。
生无君相兴南国，死有衣冠葬北邙。
碧血自封心更赤，梅花人拜土俱香。
九原若遇左忠毅，相向留都哭战场。

左忠毅指左光斗，可法之师。光斗为阉党构陷下狱，将死，可法赂狱卒视之，光斗怒曰："国家之事，糜烂至此，老夫已矣，汝复轻身而昧大义，天下事谁可支持者？"可法趋出，常流涕以语人曰："吾师肺肝，皆铁石所铸造也。"后来可法奉檄守御张献忠部队，自坐幄幕外，寒夜起立，衣甲上冰霜迸落，铿然有声，有人劝他少休，他说："吾上恐负朝廷，下恐负吾师也。"

梅花岭下的史公祠，也有一名联为人传诵：

数点梅花亡国泪

二分明月老臣心

到了丙午之变，史可法却成为问题人物，他的扬州衣冠冢，也遭洗劫，理由就因为他曾抗击张献忠部队。

当多铎血洗江南时，又在南京纵其淫欲。近人胡蕴玉（朴安）曾录《多铎妃刘氏外传》一篇（见《清季野史》）。据小引说，系根据墅西逸叟原作而加删节。《外传》中记虞山富商黄亮功遗孀刘氏，年已三十五，被旗兵所掳，送至南京豫王府，多铎见刘有艳色，乃纳之。次年生一子，即册立为妃，胡氏因称“亦《飞燕外传》之流亚也”[①]。此事虽见于野史，但和多铎的行事看，或非虚构。并说明嗜杀与嗜色，几乎成为当时清朝贵族的特征，这时更以征服者的淫威，把所谓子女玉帛当作战利品了。

多铎在清初宫廷政变中并不是重要角色，他的一些活动，只能说是插曲，多尔衮还一直想笼络他。顺治六年（1649年），多铎病逝于北京，年三十六。顺治九年，以多铎“罪状虽未显著，然与睿亲王系同胞兄弟一体无异”，降为多罗郡王，却是受了多尔衮案的牵连，因而还是沾了政变的边。至乾隆朝时，才予昭雪，恢复原封，并配享太庙。

（原载《清代宫廷政变录》，香港中华书局1992年8月版）

① 《外传》又说“是时壬年四十”，实误。多铎死时只三十六岁，这时应是三十二岁。

墨勒根亲王抢北京

清代第一个入关君临中国的是谁？自然是六岁娃娃世祖福临（即顺治帝）。但他其实是一个影子皇帝，真正君临中国的是他的叔父睿亲王多尔衮。后来位居摄政王，被称为皇父。

多尔衮是一个枭雄，挟天子以令诸侯，却又为爱新觉罗的天下创立了突出的功业，要比他在关外的父兄成就更大，统治的领域更广大，而他的寿命却比父兄短促。

多尔衮是清太祖第十四子，朝鲜人称为九王[①]。十五岁时父亲逝世，母亲被迫殉葬。他的同母弟是阿济格和多铎，据说太祖曾属意于他继位。太祖死后，诸王皆成孤儿。这一点，所有儿子是相同的。然而，生母活活地被强迫自杀，在他少年的心灵上不可能不受到创伤。同时，皇位传给他异母兄皇太极（太宗），这对他又是强烈的刺激（两人相差二十岁）。这些因素，对他性格上的发展都是很重要的。

太宗逝世，诸王争夺帝位，宫廷政变的风暴接踵而来，他审度形势，觉得由自己称帝，后果并不有利，必会引起两黄旗的反对，所以最后由福临践位。多铎就尖锐地问道："汝不即位，莫非畏两黄旗大臣乎？"（《清世祖实录》）可谓诛心之论。

在定议立世祖后两天，礼亲王代善（多尔衮异母兄）的儿子硕托、

---

① 当时的序列，只就同爵秩者的年齿定先后，不以太祖之子为限。详见郑天挺《探微集》。

孙阿达礼（硕托之侄）又图谋推翻成议，拥立多尔衮。多尔衮立即将他们下法司，使用野蛮手段，将两人裸体绑缚处死，并株连阿达礼之母、硕托之妻一同缢杀，有一太监和一朝鲜妇人，因参与其事也被斩首。硕托欲拥立的消息是代善告诉多尔衮的，代善是不愿意多尔衮为帝的，这中间迷雾似的内幕，今天已无从确悉。但也不妨设想：代善之大义灭亲，无异向多尔衮将了一军，逼着他表态，多尔衮为了表明自己矢忠于幼主，只好将硕、阿作牺牲品。当时不赞成世祖继统的不止一二人，只是动机不同，如镇国公艾度礼，即因世祖太幼小，由郑亲王济尔哈朗、多尔衮二王辅政，“今虽竭力从事，其谁知之?”就是害怕二王日后专权。从这一意义上说，艾度礼的不赞成幼主为帝，并非没有理由，而且后来果然被他说中了。

所谓二王之一的济尔哈朗（太祖之侄），对多尔衮很有戒心，曾对吏部巩阿岱（宗室）说:“皇子即位，更复何言，唯以他人篡夺为忧。”这话针对何人，不说自明。巩阿岱便去告诉多尔衮，多尔衮自然怀恨在心。二王的结怨相倾，一直延续到多尔衮死后。

总之，太宗逝世之后，多尔衮不夺帝位而夺实权，不知经过多少曲折而激烈的斗争，流过多少人的鲜血，他后来高踞皇父的尊位，正是穿过火海成为铁腕人物的。

他先以摄政王之尊，独揽大权，“刑政拜除，大小国事，九王专掌之”（《沈阳状启》）。又以“盈庭聚讼，纷纷不决，反误国家政务”为由，罢诸王贝勒管理部院事务，规定各衙门办理事务，凡应奏闻或记入档案者，皆须先启知多尔衮。这样，既削弱了诸王的权力，又使济尔哈朗退居于下（名次本在多尔衮之上）。顺治元年（1644 年），礼部议定摄政王居内及出猎行军的仪节，诸王不得平起平坐。

顺治元年（1644 年）五月，多尔衮前往北京，以周公辅成王自居。部下请他乘前明皇帝御辇，他先自推辞，后便乘登，由长安门进入皇宫，再入武英殿，受前明官员七八千人的朝拜。这时世祖与济尔哈朗尚在关外，内外政令均由多尔衮于北京发之，所以刑部同户部会议题本中有“墨勒根亲王抢北京”之语①。

八月二十日，世祖及诸王大臣、两宫眷属自沈阳启程。九月，车驾抵通县，多尔衮率诸王公迎驾，先向皇太后行三跪九叩礼，然后向幼主三跪九叩。十九日下午，世祖自正阳门入宫。十月初一日，正式即帝位。世祖赐多尔衮嵌有十三颗东珠的黑狐皮帽②、黑狐皮大衣及金银、鞍马、骆驼等。

此后，多尔衮就对两黄旗进行打击和分化，对异己的王公予以制裁，两黄旗大臣又因多尔衮的分化纷起内争，两黄旗的大臣谭泰、图赖等后来便成他的亲信。两黄旗侍卫本为清帝护军，多尔衮通过谭泰、拜尹图便将两黄旗侍卫置于自己控制之下，锡翰、冷僧机等竟“散遣皇上（世祖）侍卫大臣等，径送圣躬至睿王处”。济尔哈朗本与多尔衮一同辅政，到了顺治四年（1647年），遂不令他辅政，而以多铎为辅政叔王。次年，又罗列济尔哈朗十几条罪状，降为郡王。不久，济尔哈朗离开京城，率兵攻打山东的抗清部队。

多尔衮种种专横擅权的行为，使少年的世祖敢怒而不敢言。顺治十三年（1656年），世祖在追忆时曾说：“于时墨勒根王摄政，朕惟拱手以承祭祀，凡天下国家大事，朕既不预，亦未有人向朕言者。”即此数语，世祖对这位皇叔父的愤懑已经神情如画，和春秋时卫献公说的“政由宁氏，祭则寡人”如出一辙。远在顺治元年，多尔衮之弟英王阿济格入关后，和宣府巡抚李鉴争论时，旗人绰书泰在旁，便叱李鉴说：“尔何不惧（英）王而反惧冲龄幼主耶？”阿济格本人也视世祖为“八岁幼儿”，或当众称为“孺子”。这都说明，在多尔衮一系，根本没有将世祖放在心目中。

多尔衮的府第，规制全仿皇宫，大殿就有四座，日夜督造，历时三年，所以当时传说墨勒根王府第与皇上宫殿无异。这座王府的原址本

---

① 墨勒根，一作墨尔根，汉意为贤明、睿智，多尔衮封睿亲王，即此意。

② 东珠，松花江下游所产的珍珠，匀圆莹白，王公等冠顶饰之，以多少分等秩。

为明代南内的洪庆宫，多尔衮因罪废黜后，乃改为寺院。康熙朝时为吗噶喇庙，乾隆朝时为普度寺。据俞正燮《癸巳存稿》九:“今墨尔根王府在东单牌楼石大人胡同，乾隆时所立也。”现为北京南池子小学，已很残破，颇有“朱雀桥边野草花，乌衣巷口夕阳斜”之概。

随着权欲的扩张，多尔衮的色欲也同时膨胀。他的政敌豪格被幽禁而死后，便将豪格之妻纳为福晋。在八旗选美女入他府邸后，又于新征服的喀尔喀部索取有夫之妇，并向朝鲜国王索取皇室或大臣家中的美女。多尔衮前后共有六妻四妾，却无子嗣，后以多铎之子多尔博为嗣。他的身材细瘦，体质素来衰弱，豪格早就说过，多尔衮是有病无福之人，恐不能维持到摄政的结束。他的寿命的短促，可能和他纵欲有关。

清太宗死后的这场宫廷政变，多尔衮是享取政变成果最丰厚又最贪婪的一位猎手。他的胜利，一个有利的条件是皇帝还在童年，但他个人的才能、手腕和毅力，也是重要的因素。可是不言而喻，他生前必有不少仇敌，如同凤姐的强悍能干而树敌。在他权势熏天时，人家只好忍气吞声，包括皇帝世祖在内，等到他去世之后，复仇的火星便在九重深处爆裂了。

（原载《清代宫廷政变录》，香港中华书局 1992 年 8 月版）

阿济格谋乱夺政

多尔衮和满洲贵族都酷爱放鹰围猎。顺治二年（1645 年），有几个在北京的日本人，曾见多尔衮出猎时的盛大场面，鹰就有上千只，“街上的人和其他人等都要叩头在地等候他通过”[①]。礼部还规定他出猎的仪节。

顺治七年（1650 年）十一月，多尔衮出猎古北口外，可能堕马受伤，膝受重创，涂以凉膏，太医傅胤祖认为用错了药。至十二月初九日卒于喀喇城（在旧热河境），年仅三十九岁。

灵柩运回北京，世祖率领诸王及文武大臣改穿素服，至东直门外亲迎，后又举爵祭奠，痛哭失声。灵车至王府，公主、福晋及诸命妇，都着缟服在大门内跪哭。

明遗民谈迁的《北游录·纪闻下》记多尔衮于受伤后，“度不自支，退召英王语后事，外莫得闻也”。这个英王，就是太祖第十二子、多尔衮同母兄阿济格。《清史列传·宗室王公传一》，第一名为礼亲王代善，第二名即阿济格。《鞑靼漂流记》描写他的形象说：“听说是个粗野人，考虑问题粗率，所以从来不过问政务。看来年纪近五十岁，麻脸，身材魁梧，眼神令人望而生畏。为人慓悍，在交战时，攻城陷阵，无往不胜。大明和鞑靼交战之际，屡建军功。”

---

① 《鞑靼漂流记》，载《清史研究集》第一辑。

他于十五岁开始戎马生活，但有勇无谋，性情暴躁蛮横，一意孤行，与人争执动辄以兵刃相见。又好财物女色，常向部下索取妇女。清军攻克皮岛时，牛录章京徐大祯获一美妇，阿济格先后索取四次而未得。徐大祯回沈阳，竟遣人前往追寻。

太宗逝世，他竭力支持多尔衮夺位，坚决反对太宗长子豪格嗣位。在诸王公议立世祖的会议中，中途退出，此后即称病不出，对太宗丧事概不往来。直至多尔衮责言，阿济格才勉强参加太宗的完殓丧仪。

多尔衮专权后，罢济尔哈朗辅政王职，代之以其弟多铎。不久，多尔衮的政敌豪格被囚毙狱中，便以阿济格代豪格为正蓝旗主旗贝勒，其子劳亲封为亲王。阿济格还不满意，遣人向多尔衮说，多铎功小，不应优异，济尔哈朗乃叔父之子，不当称叔王，“予乃太祖之子，皇上之叔，何不以予为叔父？”（《清世祖实录》）多尔衮予以斥责，说他无自知之明。多铎为他同母弟，且当时已死，他却依然在妒忌。

多尔衮死后，阿济格欲承袭摄政，即派三百骑兵，赶往京城，欲使多尔衮所管两白旗大臣归附自己。他派人往告郡王勒克德浑：“原令尔等三人理事，今何不议一摄政之人？”又诈言多尔衮悔以多尔博（多铎之子）为嗣子，曾取劳亲入正白旗，且暗示端亲王博洛速推阿济格摄政。两白旗大臣心存疑惧，各率部属执兵刃严防。阿济格大怒，威胁镶白旗的阿尔津等说：“两旗之人，戈戟森列，尔主在后何为？可速来一战而死。”阿尔津等回去告诉额克亲、吴拜等五人，经商量后说：“诸王得毋谓我等以英王为摄政王亲兄，因而向彼耶？夫摄政王拥立之君，今固在也，我等当抱王幼子，依皇上以为生。”并向济尔哈朗等告发阿济格欲谋乱夺政。

多尔衮灵车还京时，行至石门，与阿济格之子劳亲相遇。阿济格令部下大张旗帜和劳亲合军，环丧车而行，父子左右居首而坐，济尔哈朗乃派兵监视。

顺治七年（1650年）十二月二十六日，王大臣会议阿济格之罪，将阿济格幽禁，劳亲降为贝子。阿济格手下前锋统领席特库“闻摄政王丧，不白之诸王”，被斩，抄家，还有不少人被处死、鞭责、革职，由此兴起一场大狱。

阿济格被幽禁后，给妇人三百供役使，这种供应也是很奇特的。阿济格却暗藏大刀四口，用三百妇人暗掘地道，与其子及心腹合谋越狱，后经人告发，其子被散给诸王为奴。这一来，更使他发狂了，便在狱中厉声高叫，声称要堆集衣物焚烧监房，吓得监守的毛海等人慌忙退出，不敢复入。当天下午，禁卒忽闻院内拆房摔瓦之声，急忙奏报，诸王以阿济格悖乱已极，不可再留，最后由世祖令阿济格自尽，年四十五。

如上所述，阿济格的性格本来很粗暴蛮横，这时因争权而被投入监房，发生这种狂人的心理，原是很符合规律的。当初豪格在禁所时，就有类似的发狂行为。凡是有野心的人，当他的野心受到压制、打击时，往往会变成狂人。

阿济格的罪状，最严重的是不尊敬多尔衮，可是处罚阿济格及其亲信的实质意图就是为了打击多尔衮的白旗势力。如正白旗的骨干罗什、博尔惠、额克亲、吴拜、苏拜五人，其实并没有多大过错，却以“动摇国是，蛊惑人心，欺罔唆构”的罪名，或被斩首，或被革职。多尔衮死后，他们已预感到政局将有重大变化，行事已很谨慎，额克亲、吴拜又明言坚决拥护世祖，不肯顺从阿济格。济尔哈朗等会议时，也承认额克亲“从直供吐，且原非奸佞巧辩之人”（王氏《东华录》），却仍须“除宗室为民，籍其产一半，全夺所属人役”。总之，阿济格于多尔衮死后的种种行动，确是很狂妄，和朝廷对抗。而济尔哈朗等借此惩罚，也是为了报复宿怨，出于派系的斗争。

顺治五年（1648 年），太宗长子肃亲王豪格（正蓝旗），被多尔衮构陷，死于狱中。时隔三年，多尔衮的同母弟阿济格先被下狱，后令自尽。这不仅仅是个人的存亡问题，而是反映入关前后，在爱新觉罗的血统上，始终有斗争的火花在闪烁着。

阿济格死后，葬于北京左安门外韦公（明太监韦霦）祠旁。顺治十一年（1654年），谈迁北游时途经其地，写过一首七古《英王墓》，下半首云：

花门一望种首蓿，南苑今为饮马池。
英王敢战气如虎，胡床解甲罗歌舞。
邸第斜连鳷鹊旁，妖鬟尽隶仙韶部。
急管繁弦春复春，曰周曰召浸情亲。
倏焉日匿西山下，高冢祁连宿草新。
阖卢寂寞殉剑锷，桓山石椁三泉涸。
燕昭墓上穿老狐，几度酸风叹萧索。

花门原指回纥衙帐所在地，阿济格是满人，这里指他军营。鳷鹊本为汉代宫观名。周公、召公为周文王之子，为周代辅幼主成王的开国功臣。祁连是山名，比喻高冢。吴王阖闾死后，曾以利剑殉葬。桓山典出《孔子家语·颜回》，后喻兄弟离散之悲。燕昭王为召公之后，其墓在今北京附近。

诗的大意，先回溯英王阿济格当年征战的威武，营幕中歌舞的奢豪，王府的华丽斜连宫苑，因为他本是周召那样辅幼主的宗亲，今则墓地荒凉，骨肉伤残，落日之下，徒有酸风萧索而已。

（原载《清代宫廷政变录》，香港中华书局1992年8月版）

多尔衮与史可法的书牍

明末甲申之变，思宗殉国后，在南方的大臣乃拥立福王朱由崧于南京，这原非史可法的初衷。当时的小朝廷，对入关的清廷还存在幻想，希望清人共同对付李自成的部队。事成之后，在北京的清军随即撤出，而将山海关以外的全部土地给予满清作为报偿，并派左懋第等三人出使北京，与清廷谈判。这时清世祖已由沈阳移驾北京，摄政王多尔衮挟战胜余威，决南下之策，气焰正盛，当然不会接受，左懋第等因企图与吴三桂会晤而被拘禁于鸿胪寺。

顺治元年（1644年）七月二十七日，多尔衮又致书史可法向他诱降，王氏《东华录》仅载“壬子，摄政睿亲王令南来副将韩拱薇、参将陈万春等赍书致史可法”，未载其对史可法之称谓。九月十五日，史可法曾予覆书，首列“大明国督师兵部尚书兼东阁大学士史可法顿首谨启大清国摄政王殿下”（在此之前，吴三桂向清人乞师时尚称“北朝”）。多尔衮、史可法往还之书牍，文笔皆甚宏丽，亦为关心明清掌故者所乐道。可法书的首端，对多尔衮尤为尊崇，尊清正露南明之卑弱。可法书中有云：“从前凤集河清，瑞应非一，即告庙之日，紫气如盖，祝文升霄，万目共瞻，欣传盛事。大江涌出楠梓数十万章，助修宫殿，岂非天意也哉。”侈陈祥瑞，流于怪诞，此岂自欺欺人之时？祝文是写在纸上的，纸随风而飞空，事极寻常。大江涌出楠梓云云，实为明初在南京营建宫殿时的剩余木材，如年久而埋没江滨。下又云：“本朝传世十六，正统相承，自治冠带之族，继绝存亡，仁风遐被。贵国昔在先朝，夙膺封号，后以小人构衅，致启兵端，先帝深痛疾之，旋加诛戮，此殿下所知也。”亦违心乞怜之词。此当指万历四十七年（1619年）明将杨镐率军攻后金（即后来的清朝）大败一事，攻后金的原因，则为后金先攻陷明之抚顺等地。杨镐无能误国，兵败后于崇祯二年（1629年）被杀。但他并非小人，也不能说是“构衅”。从可法书中看，好像明思宗之杀杨镐，是为了平清人之怒，尤为是非不分。思宗即位之后，何尝不把后金视为劲敌，急欲规复辽东之失地？

昭梿《啸亭杂录续录》卷三云：“纯皇帝（指高宗）常阅睿忠王传，以其致明史忠正公书未经具载回札，因命将内阁库中所贮原稿补行载入，以备传世，真大圣人之所用心，初不分町畦也。”清朝所修《明史·史可法传》中未载两人通书事。至高宗敕修《历代通鉴辑览》时，于“我大清兵西讨李自成，分兵下江南”之提纲下，缀以“先是，我睿亲王多尔衮令南来副将韩拱薇、参将陈万春等赍书致史可法，可法旋遣人答书”语，并备录两书原文。御批云：“幼年即羡闻我摄政睿亲王致书明臣史可法事，而未见其文。昨辑宗室王公功绩表传，乃得读其文，所为揭大义而示正理，引《春秋》之法，斥偏安之非，旨正辞严，心实嘉之。而所云可法遣人报书语多不屈，固未尝载其书语也。夫可法明臣也，其不屈正也。不载其语，不有失忠臣之心乎？且其语不载，则后世之人将不知其何所谓，必有疑恶其语而去之者，是大不可也。因命儒臣物色之书市及藏书家，则亦不可得，复命索之于内阁册库，乃始得焉。”下文对可法之孤忠高节，一死报国，极为推崇。明臣尊明，份所当然。今天我们能够得见史可法之答书，还是因为高宗御批之故。《清史列传》原为清代国史馆稿本，亦因高宗有此批示而于《多尔衮传》中兼录史可法答书。就顺治初年局势而论，清人之必欲吞并全国，史可法以孤臣孽子之心，坚决抗清，双方都极为了当，原非区区笔札能够斡旋。多尔衮书中即有“今若拥号称尊（指福王之即位），便是天有二日”语。至高宗时而有此御批，固不失为恢弘明智之睿见。另一方面，也因这时距入关之初已有百年，事过境迁，南明的残余势力已不存在，军事上政治上已无对抗威胁作用，汉族人士多已受清廷的笼络而归附，才能有此举措，也就是现代话说的政策。而任何政策都是历史过程中的产物，总是要和现实适应的。当然，这同时也由于高宗是君临天下的皇帝，事无大小，皆可由他一言而立决。如果换了臣民，即使有高宗那样的念头，也是不敢说的，因为在史可法的答书中，便有许多不利于清人入主燕京的话。

关于多尔衮与史可法书牍的代笔人问题，后者今尚未能确定，有侯方域、何亮工、王猷定、王纲、黄日芳等之说（当以王纲为确。纲字乾维，曾入史可法之幕。详见罗忼烈《两小山杂著》中《史可法〈复多尔衮书〉作者考》）。前者为李雯所作，已无疑义，昭梿《啸亭杂录续录》曾记之。

李雯，字舒章，青浦人。崇祯十五年（1642年）举人，入清荐为内阁中书舍人。他与彭秉、陈子龙等称云间六子（明代曾析上海、华亭二县地置青浦，清属松江府）。

柳如是未嫁钱谦益时，李雯常相过从，其《坐中戏言分赠诸妓》云："悉茗（花名）丁香各自春，杨家小女压芳尘。银屏叠得霓裳细，金错能书蚕纸匀。梦落吴江秋佩冷，欢闻鸳水楚怜新。不知条脱今谁赠，萼绿曾为同姓人。"

此杨家小女即指柳如是，因如是初本姓杨，陈子龙诗中称之为杨姬。子龙早年声色诗酒之会，常与李、宋相偕。子龙自撰年谱，于崇祯六年（1633年）条云："文史之暇，流连声酒，多与舒章唱和，今陈李唱和集是也。"

明亡后，李雯入仕新朝，但颇自疚，子龙则坚持抗清。

顺治二年（1645年），李雯在京作《东门行》寄子龙，并附以书云："三年契阔，千秋变常，失身以来，不敢复通故人书札者，知大义之已绝于君子也。然而侧身思念，心结百端，语及良朋，泪如波涌。则闻故人颇有恋旧之言，欲诉鄙怀，难于尺幅，遂伸意斯篇，用代自序。"

以仕清为失身，亦见其愧悔之深。其诗有云："与君为兄弟，各各相分携。南风何飂飂，君在高山头。北风何烈烈，余沉海水底。高山流云自卷舒，海水扬波不可复。"语亦极为沉痛。

陈子龙弟子夏完淳《读陈轶符（子龙）李舒章宋辕文（徵舆）合稿》有二联云："庾徐别恨同千古，苏李交情在五言。雁行南北夸新贵，鸰首西东忆故园。"苏李指苏武、李陵，后世传有苏李河梁泣别的五言诗，实是伪记。

吴伟业《梅村诗话》云：

> （子龙）晚岁与夏考功（允彝）相期死国事，考功先赴水死，卧子（陈子龙）为书报考功于地下，誓必相从，文绝可观。而李舒章仕而北归，读卧子《王明君》篇曰："明妃慷慨自请行，一代红颜一掷轻"，则感慨流涕。舒章久次诸生不遇，流离世故，黾勉一官，反葬请急，遇卧子于九峰山中，期满北发，未渡江而卧子及祸。舒章郁郁，道死云间。有为诗唁之者曰："苏李交情在五言。"未尝不寄慨于此两人也。

顺治四年（1647 年），陈子龙因抗清在苏州被捕，解送途中，乘隙投水死。《诗话》说的"及祸"，即指其事。吴伟业本人词中的"故人慷慨多奇节"，亦指子龙等死难事，亦含自忏之意。

沈德潜《明诗别裁集》卷十二，录华亭布衣吴骐《书李舒章诗后》七绝："胡笳曲就声多怨，破镜诗成意自惭。庾信文章真健笔，可怜江北望江南。"沈氏评云："惜其清才，哀其遭遇，言下无限徘徊。"

花病鹤《十朝诗话》载，舒章入清，故人万寿祺孝廉以僧服见。舒章望之泣曰："李陵之罪，上痛于天矣。"故侯壮悔诗云："我今朱颜丑，何以归故乡。郁陶发病死，谁当谅舒章？"侯氏于顺治八年（1651 年），应河南乡试为副贡生，此诗可能是中副榜以后所作，亦含自疚意味。

李雯的南归葬父，在顺治三年（1646 年），当时给假很不容易。次年北行，中途得疾，抵京即卒，也就是陈子龙死难（五月十九日）的一年，故邓之诚《清诗纪事初编》云："同一死也，而有轻重之分。"

（原载《伸脚录》，辽宁教育出版社 1996 年 1 月版）

多尔衮身后是非

顺治七年（1650 年）十二月，多尔衮逝世，清廷追尊为“懋德修道广业定功安民立政诚敬义皇帝”，庙号成宗。

顺治八年（1651 年）正月，他的同母弟英亲王阿济格有罪幽禁。十九日，义皇帝及其妃义皇后，同祔于太庙。礼成，覃恩赦天下。诏语略云:“当朕躬嗣服之始，谦让弥光，追王师灭贼之时，勋猷茂著。辟舆图为一统，摄大政者七年。”清初诸王身后的哀荣，没有一个抵得上多尔衮。

与此同时，顺治帝即命刚林至摄政王府中将所有信符收贮内库，又命索洪等将赏功册收进大内，并以多尔衮的近侍苏克萨哈、詹岱为议政大臣。

二月初十日，苏克萨哈、詹岱等告发多尔衮生前种种罪行，还说多尔衮曾与何洛会等共定逆谋，因出猎延迟未及实行。都统谭泰也揭发多尔衮纳肃亲王豪格之妃，并令豪格子至王府中较量射击，何洛会还以恶言骂豪格子。

于是以郑亲王济尔哈朗为首，会同巽王满达海、端王博洛、敬王尼堪及内大臣合词追论多尔衮之罪。满达海等三人，在顺治七年八月间，都受过多尔衮的处罚，这时恰好有机会报仇了。

多尔衮一死，何洛会即知靠山已倒，曾对锡翰说:“今上亲征，两黄旗大臣与我相恶，我昔曾首告肃王（豪格），今伊等岂有不杀我而反容我耶?”后果被凌迟处死。其弟胡锡，明知其兄种种逆谋，不行首告，亦被处死。因阿附多尔衮而被处死的，何洛会是第一人。

活鼠胜死王，尽管多尔衮已长眠于地下，他还必须蒙受种种罪名。

在短短两月之间，多尔衮的荣辱，为什么会有这样剧烈的变化?原因固然很复杂，例如功高震主，树大招风，跋扈骄横之类，只是太笼统。具体言之，多尔衮与济尔哈朗两大派系之争是关键之一。

太宗皇太极殁后，顺治帝嗣位，多尔衮与济尔哈朗共同辅政，两人又都是有实力的鹰派。辅政的结果，不外两点，一是彼此协力同心，相忍为国，一是由于政见纷歧，权欲冲突，形成东风与西风难以调和之势。济尔哈朗曾受过多尔衮的排挤，两人生年相同，多尔衮死在前头，遂给政敌以报复泄愤的机会。

另一关键乃是，顺治帝曾几次受到阿济格、多尔衮兄弟的排挤，尽管当时还幼小，但儿童对凌辱也是很敏感的，何况他这时已经意识到自己是万人之上的天子。多尔衮死时，他已经有十四五岁，很懂事了，加上济尔哈朗等反多尔衮派的挑唆，更增加了他的愤恨。而多尔衮生前确有许多专横树敌的言行，奏疏中举发的罪名，好多都是事实。他身后这种突变，其实也不难解释。

宫廷政变，多半由于派系斗争，这中间，个人仇恨上的发泄报复，也占很大的比重。试看官方揭举的多尔衮的罪状，纯属政治上的是非就不多，有的只是人身攻击，例如纳豪格妃之类，有什么必要写进上谕里面呢?

但多尔衮在入关前后的汗马功劳，也是有目共睹，难以抹煞的，因而也有人为他抱不平。

顺治十二年（1655年），诏内外大小官员直言时政，居然有个吏科副理事（理事即郎中，副理事为员外郎）彭长庚、一等子（爵）许尔安上疏颂多尔衮之功，并请复爵号，修坟墓，乃下王大臣议论，却都为济尔哈朗及贝勒尚善驳斥。

彭说，太宗创业，多尔衮之功为冠。又与诸王坚持盟誓，扶立皇上。

驳词说，太宗创业，遴选诸王分理六曹，从未推多尔衮功为冠。皇上践位，亦非他独效忠诚。

彭说，遇奸人煽惑，离间骨肉，私谋拥戴，多尔衮却执大义，立置重刑。

驳词说，这是因为礼亲王代善遣谕多尔衮，言词迫切，多尔衮惧罪及己，始行举首。

彭说，当时收拾明疆，关内外只知有摄王一人，皇上远在盛京，多尔衮若于此时进京，谁能禁之？他却迎驾入关。

驳词说，多尔衮克取明疆之前，济尔哈朗已攻克明之中后所三城，当时北京不过一空城，其他亲王也能攻克。

彭说，多尔衮逝世之初，尚无异议，为时无几，朝论纷起，论罪削爵，毁灭过甚。

驳词说，这是因近侍首告，又经过审问核实，怎能说朝论纷起？

彭说，询之故老，听之传闻，前后予夺之间，似不相符。

驳词说，彭长庚份属新进，所询故老何人，所得传闻何语？

彭说，豪格妃渎乱一事，愆尤莫掩，然功多罪少，应存议亲议故之条。

驳词说，豪格无故被戕害，多尔衮收其一妃，又以一妃私与母兄阿济格。此罪尚云轻小，则何罪为大？若说议亲，肃亲王豪格难道不够亲么？

彭说，私匿帝服御用等物，想必由多尔衮传谕织造，迟早送至御前，只是暂贮王府。

驳词说，多尔衮侍女已密属潜置棺内，后经首告而搜出，并非暂贮。

彭说，方今皇上力求安宁，而水旱相继，似同风雷之警。

驳词说，多尔衮在日，岂无水旱之虞，而且现在也并无风雷之警，怎能以《尚书·金縢》的故事比拟？

又如援引周公辅成王事迹，尤属乖谬。周公诛管蔡，因为管蔡通武庚而叛，肃亲王豪格难道也曾叛反？多尔衮企图纳肃王之妃，周公曾有这种行为么？多尔衮为了建避痘处所，私动内帑，苦累官工，“周公又有此行乎？”（见王氏《东华录》）驳词是用十分严正态度写的，却使人看了为之莞然。

最后，对彭长庚、许尔安的处分是：本应论死，从宽流放宁古塔。

彭、许都是小官，也不是多尔衮的亲信，说明当时对“多案”不服气的大有人在。只是有的人不敢声张，而原来和多尔衮接近的，说不定掉过头来反击旧主了。

到了乾隆三十八年（1773 年），先下谕命内务府修葺多尔衮墓，并准其近支王公等祭扫。其墓在今北京东城区新中街一带，上谕中说的“茔域之在东直门外者，岁久益就榛芜，亦堪悯恻”，即指其地。当初占地三百亩，后人称为“九王坟”。

乾隆四十三年（1778 年）正月，又曾下谕，谕中有这样几个要点：多尔衮摄政有年，威福不无专擅，诸王大臣不免畏而忌之，遂致殁后为苏克萨哈等所构，诬以谋逆。

世祖登位，尚在冲龄，未曾亲政，吴三桂之所迎，胜国（指明朝）旧臣之所奉，止知有摄政王，假如果萌异志，此时兵权在握，何事不可为？他不在这时因利乘便，直至身后以敛服僭用黄龙衮，指为觊觎之证，于情理不合。

太宗死后，阿济格、多铎跪请多尔衮即位，多尔衮坚决不从，又力颂太宗对他的恩育信重，“使王彼时如宋太宗之处心积虑，则岂肯复以死固辞而不为邪说摇惑耶？乃令王之身后，久抱不白之冤于泉壤，心甚悯焉。假令王之逆迹稍有左验，果出于我世祖圣裁，朕亦宁敢复翻成案？乃实由宵小奸谋，构成冤狱，而王之政绩载在实录者，皆有大功而无叛逆之迹，岂可不为之昭雪乎？”

于是恢复睿亲王封号，追谥曰“忠”，补入玉牒，配享太庙，入祀盛京（沈阳）贤王祠。多尔衮失去的一切都得到了补偿。谕旨的措词倒很公平得体，既指出多尔衮的威福自专，又否定他的蓄谋篡逆，但谕旨把多尔衮蒙冤的责任全推给宵小奸谋如苏克萨哈等，而与顺治帝及济尔哈朗等毫无关系。虽不公平，但在当时，只好这样说，否则，这一案便翻不成，这在谕旨中也这样说了，我们应该体谅乾隆帝的委曲用心。

前面说过，彭长庚、许尔安曾为多尔衮申冤，说他并无逆谋，所举理由，和乾隆帝谕旨中所说类似，结果却被充军。直到一百二十余年后的乾隆帝时，才将这案彻底翻了，即以后皇而翻前皇之案。说来说去，还是皇帝最有翻案的权力。

（原载《饮河录》，中国社会科学出版社 1997 年 6 月版）

后皇翻前皇之案

在两大派系的斗争中，一派失败后，必然会株连到许多人，被株连中成员的品行却极为复杂。有些都是朝秦暮楚，辗转矫诈，反覆无常，最后兔死狗烹，同归于尽。多尔衮身后，就有不少例子。

一、正黄旗的巩阿岱，于太宗死后，曾拥立多尔衮政敌豪格，兵围崇政殿。事发后本应论死，却得到多尔衮的赦免，兄弟四人同日受赏。后因屡次违禁，不知自重，被多尔衮降爵。

多尔衮逝世后，济尔哈朗先恢复巩阿岱的爵位，入议政大臣行列，其弟锡翰也封为贝子。兄弟两人，遂积极为“反多”作证，多尔衮集团的骨干由此而逐渐被收拾，他们却各得御赐牝马五十匹，以示宠信。可是到顺治九年（1652 年）三月，济尔哈朗以“党附睿王，媾陷忠良”十六大罪，将巩阿岱、锡翰处死，正如俗语说的“酱里虫，酱里终”。

二、正黄旗的谭泰，也于太宗死后竭力拥立豪格，又与索尼等六人共立盟誓，愿生死一处。后与太祖之子、多尔衮异母兄巴布海有仇，被巴布海的太监匿名告谭泰阴谋不轨。可是谭泰向多尔衮陈诉后，多尔衮却将巴布海及有关人犯处死，没收巴的家产一半与谭泰，并信任谭泰的忠心。

谭泰阿附多尔衮，引起部分黄旗大臣的反感，因而黄旗内部争议纷起。图赖、鳌拜等曾议谭泰不法的罪状，建议将其处死，多尔衮却迟疑不决。图赖厉声责问：“尔何将谭泰之罪，耽延三日不决？”多尔衮乃将谭泰监禁，遣人以野鸡肉野猪肉送赠探视，谭泰因而有“吾当杀身以报恩”语。顺治五年（1648 年），多尔衮出谭泰于狱。他不在京时，部分职权即由谭泰代行。

多尔衮去世，世祖亲政，对谭泰附多尔衮事暂不举发，反授吏部尚书。当多尔衮罪状被苏克萨哈等告讦时，谭泰也首告多尔衮取豪格之妃事。可是到顺治八年（1651 年），即被逮捕，经过审问后，世祖便命“着即正法”。他任吏部尚书时，因偏爱而超授世职者，也一并革去。

三、正黄旗的何洛会，是豪格的亲信，曾参预立嗣君的密议。多尔衮专权后，他便出首告发豪格有怨言，从而使几个黄旗大臣因附豪格为乱之罪而被杀。多尔衮便以“能矢忠义，举发伊主”使他升官。这是何洛会卖主求荣的开始。

于是何洛会随多尔衮入关，后又为定西大将军。以内大臣而为大将军者，何洛会为第一人。顺治五年（1648 年），贝子吞齐告发济尔哈朗徇庇豪格，何洛会挺身作证，又说了些济尔哈朗袒护豪格事，济尔哈朗因而获罪。

豪格幽禁后，何洛会见到豪格的儿子，诅咒说：“见此鬼魅，不觉心悸。”多尔衮听到后说：“想彼欲媚我而为是言，但我之爱彼，更自有在。”（《清世祖实录》）就是说，他还别有利用何洛会的地方。

多尔衮一死，何洛会自知靠山已倒，对锡翰说：“今上亲征，两黄旗大臣与我相恶，我昔曾首告肃王（豪格），今伊等岂肯不杀我而反容我耶？”这倒很有自知之明。

顺治八年（1651 年），谭泰告何洛会骂过豪格儿子，锡翰告何洛会对他说过的话。最后是凌迟处死，其弟胡锡，明知其兄种种逆谋，不行首告，亦被凌迟。因阿附多尔衮而被处死的，何洛会是第一人。

四、刚林初为正蓝旗，后改隶正黄旗。他的罪状是阿附多尔衮，删改《实录》，和祁充格一同参与多尔衮迁驻永平之谋。据谈迁《北游录·刚令（林）修史》条：“昭陵之殂，故事殉葬，摄政王母宜从而不欲也。宗室大臣勒令自尽，后修《实录》，刚令书云：自愿从死。”刚林因而获罪。按：谈《录》中的“昭陵”，实误。昭陵为太宗陵，此处指太祖陵，应作福陵，同时是太祖的代称。但这里有个疑问：为什么刚林书“自愿从死”会成为罪名？是不是因为不符合事实？我觉得更重要的理由是在这里：太祖生前，对多尔衮生母纳喇氏本有戒忌，怕她日后会乱政，所以遗命要她殉葬，纳喇氏起先并不甘心。多尔衮死后，济尔哈朗等正要历举多尔衮种种罪行，由子而及母；刚林却写成“自愿从死”，等于将纳喇氏美化成为很忠贞驯良的人，因而加重了刚林的罪名。

因阿附多尔衮而被处罚的还有好多人，这里不再缕举。这些人，因派系斗争而弃旧媚新，反亲为仇，“自求多福”，妻财子禄，事事如意，又成为一时新贵。曾几何时，树倒猢狲散，自己已成为派系斗争的刍狗，葬身于政变的波涛中。

这里还要探索一下：两月之间，多尔衮的荣辱之变为什么这样迅剧激烈呢？原因固然很复杂，例如功高震主，树大招风，只是太笼统。具体言之，多、济两大派系之争是关键之一。太宗殁后，世祖嗣位，多尔衮与济尔哈朗共同辅政；共同辅政的结果，不外两点，一是彼此协力团结，相忍为国。二是由于政见纷歧，权欲冲突，必将形成东风与西风难以调和的僵局。济尔哈朗曾受过多尔衮的排挤，前文已屡次说过。他们两人生年相同，多尔衮却死在前头，人一瞑目，什么都只能凭人摆布，遂给济尔哈朗以报复泄愤的机会。

另一关键乃是，世祖曾几次受到阿济格、多尔衮兄弟的凌辱，尽管当时还幼小，但儿童对凌辱也是很敏感的，何况他这时已经意识到自己是万人之上的皇帝。到了多尔衮一死，他已有十四五岁，很懂事了，经过济尔哈朗等反多尔衮派的搬弄，自然更增加了世祖的愤恨。加上多尔衮生前确有许多专权跋扈地方，奏疏中举发的罪名，大多不冤枉。他身后这种突变，也就不难找到根据。

宫廷政变，多半由于派系斗争，这中间，固有政见上的对立，但个人仇恨上的发泄报复，即属于情绪上心理上的而非理性上的因素，也占很大的比重，试看官方揭举的多尔衮罪状，纯属政治上是非的就不多，有的只是人身攻击。

到了乾隆三十八年（1773年），先下谕命内务府修葺多尔衮墓，并准其近支王公等祭扫。其墓在今北京东城区新中街一带，上谕中说的“茔域之在东直门外者，岁久益就榛芜，亦堪悯恻”，即指其地。当初占地三百亩，后人称为“九王坟”。一九四三年被盗掘，仅见瓷瓶及节炭，与朝鲜人所记以陶器易金银葬具事相符合。

乾隆四十三年（1778年）正月，又曾下谕，谕中有这样几个要点：多尔衮摄政有年，威福不无专擅，诸王大臣未免畏而忌之，遂致殁后为苏克萨哈等所构，诬以谋逆。

世祖登位，尚在冲龄，未曾亲政，吴三桂之所迎，胜国（指明朝）旧臣之所奉，止知有摄政王，假如果萌异志，此时兵权在握，何事不可为？他不在这时因利乘便，直至身后以敛服僭用明黄龙衮，指为觊觎之证，于情理不合。

太宗死后，阿济格、多铎跪请多尔衮即位，多尔衮坚决不从，又力颂太宗对他的恩育信重，“使王彼时如宋太宗之处心积虑，则岂肯复以死固辞而不为邪说摇惑耶？乃令王之身后，久抱不白之冤于泉壤，心甚悯焉。假令王之逆迹稍有左验，果出于我世祖圣裁，朕亦宁敢复翻成案？乃实由宵小奸谋，构成冤狱，而王之政绩载在《实录》者，皆有大功而无叛逆之迹，岂可不为之昭雪乎？”

于是恢复睿亲王封号，追谥曰“忠”，补入《玉牒》[1]，配享太庙，入祀盛京（沈阳）贤王祠。

谕旨的措词倒很公平得体，既指出多尔衮的威福自专，又否定他的蓄谋篡逆，但谕旨把多尔衮蒙冤的责任全推给宵小奸谋如苏克萨哈等，而与世祖及济尔哈朗毫无关系。虽不公平，但在当时，只好这样说，否则，这一案便翻不成，这在高宗谕旨中也说了。

前面说过，彭长庚、许尔安曾为多尔衮申冤，说他并无逆谋，所

---

① 玉牒，即皇家族谱。可见在此之前，多尔衮是不被载入《玉牒》的。

举理由，和高宗谕旨中所说类似，结果却被充军。直至一百二十余年后的乾隆帝时，才将这案彻底翻了，实为后皇翻前皇之案，说来说去，还是皇帝最有翻案的权力。

高宗为多尔衮昭雪，是否牵涉孝庄太后下嫁事？详见下篇。

（原载《清代宫廷政变录》，香港中华书局 1992 年 8 月版）

太后下嫁案

世祖之母博尔济吉特氏，出生于蒙古科尔沁部，贝勒寨（宰）桑之女，后嫁太宗皇太极，时年十三岁。她的姊姊也嫁与太宗，即宸妃，两人又是太宗孝端皇后的侄女。

崇德元年（1636 年），封庄妃。三年正月，生子福临，即世祖。福临即位，尊为皇太后，史称孝庄后。她守寡时为三十岁，尚在关外，比多尔衮小两岁。

她是一个聪明能干、胸有谋略，又很有姿色的女人，对清朝建国有卓著的功劳。然而谈孝庄事迹，必涉及下嫁问题。倘是民妇，本无关国事，因是太后，遂起纷议。

认为太后曾下嫁的人，主要根据以下几点：

一、明遗臣张煌言《建夷宫词》云：

上寿觞为合卺尊，慈宁宫里烂盈门。
春官昨进新仪注，大礼恭逢太后婚。

明成祖于女真族所居地置建州卫，“夷”是鄙词。慈宁宫在紫禁城内隆宗门西，清代为皇太后所居，皇后则居坤宁宫。春官指礼部，皇家的婚娶仪节，例由礼部拟订，既然寡居的太后而曰“婚”，自然是改嫁了。

二、多尔衮为世祖叔父，清人先称为皇叔父，这是正常的，后则径称皇父，这就很奇特的了。

三、孝庄病重时（卒年七十五），遗命不与已故丈夫太宗合葬，别营陵墓于关内。她的理由是太宗奉安已久，不可再惊动他，昭西陵的碑文上即有“念太宗之山陵已久，卑不动尊，惟世祖之兆域非遥，母宜从子”语，后人认为这是她不自安于故夫陵墓之故。

孟森在《太后下嫁考实》中都予驳正：

张煌言为明之遗臣，坚持抗清，其中自必有成见，含谤书性质。写诗时人在南方，故远道之传闻，邻敌之口语，难以作为定论。“且诗之为物，尤可以兴到挥洒，不负传信之责。”日本稻叶君山在《清朝全史》中也说：“但此系出当时南人，究难保无误传之处。”这比孟先生还说得早，或为孟先生所因袭。

蒋氏《东华录》曾记清廷议多尔衮罪状中有二款云：“自称皇父摄政王”，“又亲到皇宫内院以太宗文皇帝之位原系夺立，以挟制皇上。”孟先生以为“但‘亲到皇宫内院’一句最可疑，然虽可疑，只可疑其曾渎乱宫廷，决非如世传之太后大婚，且有大婚典礼之文布告天下等说也。”

至于皇父之称，“由报功而来，非由渎伦而来，实符古人尚父、仲父之意”。这一点，郑天挺《多尔衮称皇父之由来》一文，辨证尤为详明。他疑心皇父之称与“叔父摄政王”、“叔王”，“同为清初亲贵之爵秩，而非伦常之通称，其源盖出族中旧俗”。和孟先生说的由报功而非渎伦相合。但这也只能存疑。

孟先生又引《朝鲜仁祖实录》载，顺治六年（1649年）二月，“上（仁祖）曰：‘清国咨文中有皇父摄政王之语，此何举措？’金自点曰：‘臣问于来使，则答曰，今则去叔字，朝贺之事，与皇帝一体云。’郑太和曰：‘敕中虽无此语，似是已为太上矣。’上曰：‘然则二帝矣。’”孟先生接着说：“以此知朝鲜并无太后下嫁之说，使臣则向朝鲜说明‘皇父’之义，亦无太后下嫁之言，是当时无此事也。”

孟森又说清代皇后与皇帝分葬的，不止孝庄一人，如孝惠后与世祖，孝圣后与世宗等，且当时已有另一皇后孝端后合葬在先，自更难合葬。

但是，一、张煌言虽与清朝敌对，他的为人却一向正直严谨，如果并无其事，尚不致故意诬毁。即使他得自民间传闻，但这时清人已入主中原，民间正慑于清人之威势，为什么敢有这种传闻呢？

二、清人称多尔衮为皇父，和古代称功臣为尚父、仲父不同，这两处的“父”字应读“甫”。《清圣祖实录》记孝庄对孙子玄烨（即圣祖）说：“我心恋汝皇父及汝，不忍远去。”这里的皇父虽指圣祖之父世祖，却说明皇父即父亲之意。孟氏引《朝鲜仁祖实录》的话，正说明此中匣剑帷灯、扑朔迷离的迹象，那意思是说，清国何以有皇父摄政王之语。使臣回答说，（从前还用“叔”字）现在连“叔”字也不用了，所以仁祖说：“然则二帝矣。”仁祖起先为什么有此问词，不正是已闻下嫁的消息了吗？孟先生以为《实录》中未明言下嫁即作为无其事之证，未免过于拘泥；即使太后果真有下嫁之事，《实录》也不会记载的。胡适致孟先生书中说：“所云‘今则去叔字’，似亦是答非所问。”但细加玩味，答语似隐而实显。

三、据《学林漫录》第九集所载牟小东《清孝庄后下嫁之旁证》的考释，清代皇后和皇帝分葬的，如孝惠、孝圣等，她们都葬于陵园“风水墙”之内，独有孝庄后的昭西陵在“风水墙”之外，她的灵柩浮厝于“暂安奉殿”近四十年。《朝鲜李朝实录》于康熙二十七年（1688年）正月，记朝鲜闻孝庄逝世，却秘不发丧，朝鲜大臣感到奇怪。这是因为圣祖已感染汉化，越发感到其祖母下嫁之不光彩，故有秘不发丧、灵柩浮厝等措施。

再从风俗上考察，这种娶兄嫂、姑母、侄女等“渎伦”事，在关外时原很常见，太宗与孝庄即是姑父与内侄女。我们还可补充一点：孝庄寡居时，正在盛年，入关初期，礼教观念尚不深切，从情欲上说，也很有可能。这话似近不经，但考察历史上某些妇女的生活史，其实是很重要的因素。

前述多尔衮罪状中“自称皇父摄政王，又亲到皇宫内院”云云，孟先生也认为最可疑，又觉得“决非如世传之太后大婚”。大婚、布告与否，暂不深究，但有一点却是很明白，这个“皇宫内院”只能指太后居处，正因孝庄已成多尔衮之妻，他才能以皇父身份，堂而皇之进入内院。他在当时这样做，并不算错。孟先生的入室弟子商鸿逵，在《清史研究》第二辑的《清“孝庄文皇后”小记》一文中，先认为单凭一些记载还不能作为下嫁的确证，接着说:“但即使有此事，也只能把它当做一种政治手段看待。”孝庄固善用政治手段，但此事未必出于“美人计”。

意大利传教士卫匡国（西名为马尔蒂诺·马尔蒂尼），于崇祯十三年（1640年）来中国，曾目睹清世祖大婚典礼，并著有《鞑靼战记》。其中说，世祖“发现自己的叔叔活着的时候怀着邪恶的企图，进行暧昧的罪恶活动，他十分恼怒。命令毁掉阿玛（父亲）王华丽的陵墓，掘出尸体。这种惩罚，被中国人认为是最严厉的，因为根据宗教的规定，死人的坟墓是备受尊重的。他们把尸体挖出来，用棍子打，又用鞭子抽，最后砍掉脑袋，暴尸示众。他的雄伟壮丽的陵墓化为灰土。在他死后，命运给了他以应得的惩罚”。此事不知是否完全属实，但当时朝鲜使臣也说:“摄政王之以谋逆黜庙，一如郑命守所言。而摄政王葬处，掘去其金银诸具，改以陶器云。”则毁墓实有其事。

另据刘文兴《皇父摄政王起居注》一书跋文（见《四川师范学院学报》1981年第1期）:“清季宣统初元，内阁库垣圮。时家君（刘启瑞）方任阁读，奉朝命检库藏，既得顺治时太后下嫁摄政王诏，遂以闻于朝。”阁读指内阁侍读学士，从四品，掌收发本章、总稽翻译。刘氏跋语当可相信，可惜诏书未曾传世。至于《清稗类钞》及《清宫十三朝演义》所载诏书，纯为文人掉弄笔墨，自无人相信。

太后下嫁时（当在顺治六年前），世祖还年幼，至多尔衮死后，遂有削爵、毁墓等举措。至乾隆朝时，汉化已深，国母而再婚，更不成体统，索性将多尔衮平反，示天下以无隐秘。蒋氏《东华录》因依《实录》红本为主，尚载亲到皇宫内院等语。光绪朝时王氏《东华录》成，乃削去加封皇父一节。这也可以有两种解释：一是欲盖弥彰，足见皇父与下嫁有关，另一个是本为报功之尊称，又恐引起后人误会，故而删削。

太后下嫁事件对后世影响深远，王梦阮《红楼梦索隐》甚至以为焦大骂的养小叔子的话，“并非指宝玉、凤姐”，意思是指孝庄与多尔衮。第十八回元妃归省，便是影射孝庄下嫁的大典：“行礼已毕，复行更衣，另备车驾，至贾母上房叙家人之礼，意者先御正殿，后入寝宫，所谓骨肉不分，天伦有乐者即在此耶？”又云：“是曰入宫，亦曰入府（指摄政王府），为临幸后之第一步。”第二十九回贾珍知道张道士是当日荣国公的替身，则说：“是指为睿王替身，荣国公即从睿王名衮字上化出。”并以此回是“写睿王死后，孝庄追念的光景”。真是愈演愈烈，不堪设想，但也见得太后下嫁说之深入到文史界的各个方面。

太后下嫁如果是事实，当在顺治二年至六年，但至顺治七年（1650 年）三月，多尔衮又谕示朝鲜国王，索取国王的妹女、近族或大臣之女为妃嫔，可见其人之好色（从这一点看，太后下嫁之事似也不大可能）。同年十二月，他就死了。

就史学界而论，太后下嫁一案，今虽尚不能作明确的结论，但近二三十年来，相信下嫁是事实的人却更多了。清代的官文书自然不会明白记载，但种种迹象，不难窥测，特别是对多尔衮尊贬的反复变易上，尤可以从夹缝中窥探真相。

附记：

此文系据旧作抄录，修辞上略有改动，前日看了黄浚《花随人圣庵摭忆》补篇中有关太后下嫁二文，因而又作了如下的一些修订意见。

太后下嫁说的最有力根据是张煌言这首诗，张诗的根据是“皇父”这一怪称（当时连朝鲜也已知道），既然叔父可以成为皇父，当然是太后嫁与多尔衮了。这一推理，倒并非完全出于敌国的中伤，虽然也多少含有出丑的用意。但后两句的“春官”云云，却纯然出于想象与藻饰，即孟先生说的“且诗之为物，尤可以兴到挥洒，不负传信之责”。换言之，当日即使太后真的下嫁，也不可能有礼部拟订仪注，甚至下诏等举措，只是二人同居一处而已。所以，我正文中说的刘启瑞曾见太后下嫁诏书一事，也是不可轻信的。

但孟先生说的“但‘亲到皇宫内院’一句最可疑”，这却是可疑可不疑的，因为蒋氏《东华录》的原文是这样的:“又亲到皇宫内院以太宗文皇帝之位原系夺立，以挟制皇上。”那末，这是去“挟制”幼主，而与太后无关，王氏《东华录》把“亲到皇宫内院”一句删去，后人若将蒋、王二录对照着看，反而会有怀疑了。

又据蒋氏《东华录》所载诏书，有“背誓肆行，自称皇父摄政王”语，则“皇父”原系多尔衮自称，既非由于“报功”，也非由于满洲的“族中旧俗”。总之，没有多尔衮的自称皇父，就没有张煌言的诗；没有张煌言的诗，太后下嫁之说未必有这样的“轰动效应”。至于多尔衮为什么敢自称皇父，仍有可疑。“皇父”就是皇帝的父亲，这一点，他不会不知道的。

（原载《清宫掌故》，辽宁教育出版社2000年4月版）

梅村咏顺治后宫诗

有关顺治帝后宫的隐秘及其出家故事，在清人诗歌中，吟咏最多的，当推吴伟业（梅村）。但正因事涉后宫，所以也写得惝恍迷离，介于可解与不可解之间。今据孟森、陈垣两位学者的阐释①，复加考虑，得到大体上的理解。

先举《古意》六首：

争传婺女嫁天孙，才过银河拭泪痕。
但得大家千万岁，此生那得恨长门。

这组诗皆为废后博尔济吉特氏而咏（参见下篇），前两句写册立后不久即遭废弃。第三句中的“大家”指皇帝，末句用汉武帝陈皇后废居长门宫事。意思是说，但愿皇帝能长寿，自己虽被废而仍无怨恨。顺治帝实际只活到二十四岁，从反面哀悼顺治帝的短命。孟氏说：“措词忠厚，是诗人之笔。”

豆蔻梢头二月红，十三初入万年宫。
可怜同望西陵哭，不在分香卖履中。

① 孟森《明清史论著集刊续编》、《陈垣学术论文集》。

这是说，自己本是最早作配帝王，至顺治帝卒时，已幽居别宫，无法参加送终之事。西陵原指曹操陵墓，分香卖履也是曹操遗令中语，暗指自己只能望空而哭，却不在守陵之列。

从猎陈仓怯马蹄，玉鞍扶上却东西。
一经辇道生秋草，说著长杨路总迷。

陈仓即今陕西宝鸡，秦文公曾游猎于此。长杨为秦国旧宫名，汉代修饰后而为行宫，因宫有长杨树而得名。这是说，自己最初原曾承受恩宠，骑着宝马随从顺治帝出猎，游憩行宫，后来却被废弃，至今不堪回首。

玉颜憔悴几经秋，薄命无言只泪流。
手把定情金合子，九原相见尚低头。

这是说，生前失宠多年，每自流泪，而顺治帝至死不肯回意，一旦九泉相见，犹得低头。这几首都是诗人忠厚之笔。

南海居然妒女津，南山仍锢慎夫人。
君王自有他生约，此去唯应礼玉真。

古代帝王陵墓中，灌水银以像海。史言废后性妒（“妒女津”典出段成式《酉阳杂俎》十四）。汉文帝窦皇后因病失明，文帝乃宠爱邯郸慎夫人。诗中的慎夫人比喻董鄂氏。意谓生时既不能与帝同室，死后犹不能同穴，能同穴的为慎夫人，即董鄂氏死后犹承世祖恩念。玉真指仙人，意为他生之约既属别人，则自己唯有修行以求成仙而已。

珍珠十斛买琵琶，金谷堂深护绛纱。

掌上珊瑚怜不得，却将移作上阳花。

这一首很可疑，孟森以为或废后非亲王女，由侍女作亲女入选，为世祖所恶。或董鄂氏实出废后家，由侍媵入宫。我认为，前两句指顺治对董鄂氏之倾心与偏宠，末句似用白居易《上阳宫人》典，意思是废后为孝庄太后侄女，身世高贵，如掌上明珠，只因董鄂氏之故而不得顺治帝爱怜，落得与上阳宫人同一命运。这组诗既为废后而作，董鄂妃只是陪衬而已。

梅村又有《七夕即事》四首，今录三首：

羽扇西王母，云軿薛夜来。针神天上落，槎客日边回。鹊渚星桥回，羊车水殿开。只今汉武帝，新起集灵台。

今夜天孙锦，重将聘洛神。黄金装钿合，宝马立文茵。刻石昆明水，停梭结绮春。沉香亭畔语，不数戚夫人。

花萼高楼会，岐王共辇游。淮南丹未熟，缑岭树先秋。诏罢骊山宴，恩深汉渚愁。伤心长枕被，无意候牵牛。

孟森虽力辩董小宛无入清宫事，但未曾怀疑董鄂妃的来历。所以，他以为《七夕即事》单纯咏顺治帝以襄亲王博穆博果尔之丧，暂停册立事。至陈垣撰《顺治皇帝出家》文，对“羽扇西王母”及“花萼楼高会”等句，以为皆隐约指顺治帝纳弟妇事，“非讳其事，直讳其人耳”。这是很有见地的。由此试作进一步的探讨。

薛夜来为魏文帝曹丕宫人，本名灵芸，妙于针工，虽处深帷之内，不用灯烛，裁制立成，故有针神之称。羊车为宫内所乘小车。这首诗从前六句看，似只形容妃嫔之受厚宠，但末两句“只今汉武帝，新起集灵台”，却是皮里阳秋。这是用唐张祜名篇《集灵台》典，唐人常以汉武帝喻唐玄宗，以杨、董之入宫承宠，都是“渎伦”的。

曹植之《洛神赋》，传说为感甄而作。而甄氏本有前夫，末又有杨贵妃典，极写董鄂妃之承宠，可与甄氏、杨妃并比。

末首开头的“花萼”两句，结末的“伤心”两句，皆用唐玄宗与其兄弟亲爱典故，固可解为世祖对襄亲王的痛悼之情，但若连上二诗来探索，显然有所影射。曹植《洛神赋》有“叹匏瓜之无匹兮，咏牵牛之独处”语，此首或用其语。

梅村的《清凉山赞佛诗四首》，笔意尤为闪烁，程穆衡笺云，“为皇贵妃董氏咏。《扈从西巡日录》：‘五台山大塔宝院寺，明万历戊寅，孝定皇太后重建，有阿育王所置佛舍利塔、文殊院塔。’知历来后妃皆有布造。贵妃上所爱幸，薨后命五台山大喇嘛建道场。诗特叙致瑰丽，遂有若《长恨歌序》云尔。”

下面选录第一首：

> 西北有高山，云是文殊台。台上明月池，千叶金莲开。花花相映发，叶叶同根栽。王母携双成，绿盖云中来。汉主坐法宫，一见光徘徊。结以同心合，授以九子钗。翠装雕玉辇，丹髹沉香斋。护置琉璃屏，立在文石阶。长恐乘风去，舍我归蓬莱。从猎往上林，小队城南隈。雪鹰异凡羽，果马殊群材。言过乐游苑，进及长杨街。张宴奏丝桐，新月穿宫槐。携手忽太息，乐极生微哀。千秋终寂寞，此日谁追陪。陛下寿万年，妾命如尘埃。愿共南山椁，长奉西宫杯。披香淖博士，侧听私惊猜。今日乐方乐，斯语胡为哉。待诏东方生，执戟前诙谐。薰炉拂黼帐，白露零苍苔。君王慎玉体，对酒毋伤怀。

清凉山即山西五台山。双成为董双成，传说为西王母侍女，和另一首“可怜千里草，萎落无颜色”皆隐喻“董”字。

全诗先从五台山说起，而以金莲花开、同根映发引出董妃。接叙董妃之受厚宠，携手太息，乐极生哀，暗示董妃已预感寿命不长，日后何人能追陪左右，只望将来能共处一地。“披香淖博士”云云，似是写方士窃听而惊异[①]。“待诏东方生”亦指方士或弄臣，也可能隐喻僧人，陈垣文中记僧茆溪等曾作诙谐语。梅村《七夕即事》第三首，也有“曼倩诙谐笑，延年宛转歌”语。

吴诗所写都是半虚半实，如“陛下寿万年，妾命如尘埃”。写董妃的密语，微似《长恨歌》中“夜半无人私语时”。董妃卒于顺治十七年（1660 年）八月，年二十二。次年正月，顺治帝亦逝世，陈维崧《读史杂感》故有“玉柙珠襦（贵族的殓服）连岁事，茂陵应长并头花”语。梅村则是逆写，“千秋终寂寞，此日谁追陪”者，实是说，董妃逝世四月后，又追陪世祖于地下了。

董妃之死，确给顺治帝以极大的打击，最后虽未示寂于清凉山，但一度确有出家的念头，连头也剃了，后经太后和汤若望的劝阻才始中止。最后死于痘症。遗诏中罗列自己许多过失，其中一条是对董妃“丧祭典礼，过从优厚，不能以礼止情，诸事逾滥不经”。这未必为顺治帝本人原意，而为太后及四辅臣所指使。顺治帝废第一后，太后是不赞成的，因而董鄂妃受殊宠，也必为太后所忌。爱情上的纠结，又皈依于宗教感情，吴诗即以两者为针线。

邓之诚《清诗纪事初编》卷五，记李天馥《古宫词》“日高睡足犹慵起，薄命曾嫌富贵家”，以为“明言董鄂先入庄（亲王）邸”。钱仲联《清诗纪事》云：“毛奇龄《长生殿序》称应庄亲王世子之请，作《长生殿》院本。盖正以杨妃先为寿王妃暗示董鄂先入庄邸，然则汤若望所云满籍军人者，或当为庄亲王矣。”按，庄亲王名博果铎，为顺治帝侄辈，生于顺治七年（1650 年）。顺治十三年（1656 年）册立董妃时，他才七岁，所以从年龄上看就不确。或因博穆博果尔与博尔铎名字易混之故，但也见得后来学者对董鄂妃入宫的途径，怀疑者很多。

（原载《饮河录》，中国社会科学出版社 1997 年 6 月版）

---

① 披香为宫殿名。以药石消冰，古为方士之术，称淖水、淖溺。

董鄂妃入宫疑案

这是前篇《梅村咏顺治后宫诗》的姊妹篇。

顺治帝以六龄童而登帝位。顺治七年（1650年），多尔衮卒，他才亲政，年仅十四。当时郑亲王济尔哈朗还拥有辅政之名，顺治帝鉴于多尔衮的擅权，便摆脱济尔哈朗的干预，谕令内三院："以后一应章奏，悉进朕览，不必启和硕郑亲王。"说明他不想再做影子皇帝，也反映了他少年时的性格。据僧人木陈忞《北游集》所载："上龙性难驯，不时鞭扑左右。"当时在北京的耶稣会教士汤若望也说："他内心会忽然间起一种狂妄计划，而以一种青年人们的固执心肠，坚决施行。如果没有一位警告的人乘时刚强地加以谏止时，一件小小的事情，也会激起他的暴怒来，竟致使他的举动如同一位发疯发狂的人一般。"[①]这种性格，和他当年在关外的父亲正有一脉相通处。

但他只活到二十四岁，政治上虽有所建树，毕竟成就不大。后人对他的生平，却颇有戏剧性的传说，最显著的为厚宠董鄂妃和出家五台山。

顺治帝虽年华短促，却有十四个有名位的妃嫔，而按入葬清东陵等陵墓的后妃来计算，则为三十余人。第一个皇后是博尔济吉特氏，即他生母孝庄太后的侄女，后来却被废黜，理由是这件亲事原为多尔衮所

① 杨丙辰译魏特《汤若望传》。

定，但这只是藉口，因为立皇后时多尔衮已死，实际主持的是孝庄。孝庄把她侄女选进宫内为皇后，不但可加强满蒙联姻的政治作用（她们都是蒙古人），对孝庄本人也可在后宫中多一重耳目，但顺治帝却不顾大臣的劝阻而毅然将其废黜。次年，又立了一个十四岁的博尔济吉特氏，即废后的侄女。不料后来又将她废黜，理由是孝庄患病时，第二后对孝庄的礼节很疏忽。可是反对将第二后废黜的恰恰是孝庄，所以后来第二后对孝庄极为感恩孝顺，不过顺治帝自此即与第二后疏远。单从这两件亲事看，顺治帝长大后，母子之间的感情是并不融洽的。

顺治帝为什么要废黜第二后？实是想让皇贵妃董鄂氏取而代之。董鄂氏的来历如何？《清史稿》记载："孝献皇后栋鄂氏，内大臣鄂硕女，年十八，入侍。上眷之特厚，宠冠后宫。十三年八月，立为贤妃。十二月，进皇贵妃，行册立礼，颁赦。（下略）"

栋鄂即董鄂，明代称东古，原为部族名。董鄂氏为满洲世族，三代武职。后世以秦淮名妓、冒辟疆爱妾董小宛相附会[①]，孟森已有考辨，故不必赘述。然而一波未平，一波又起，董鄂氏是否以闺女入宫，却又是一个疑案。

《汤若望传》中有这样一段记载：

> 顺治皇帝对于一位满籍军人的夫人，起了一种火热爱恋。当这位军人因此申斥他的夫人时，他竟被对于他申斥有所闻知的天子，打了一个极其怪异的耳掴。这位军人于是乃因怨愤致死，或许竟是自杀而死。皇帝遂即将这位军人的未亡人收入宫中，封为贵妃。这位贵妃于1660年产生一子[②]，是皇帝要规定他为皇太子的。但是数星期（按，应为3个月）之后，这位皇子竟而去世，而其母于其后亦薨逝。皇帝陡为哀痛所攻，竟致寻死觅活，不顾一切。

---

① 据孟森《董小宛考》，冒辟疆是先眷爱陈圆圆而后娶董小宛的。

② 应为1657年，即顺治十四年。1660年为董鄂逝世年份，或因此误混。

这是中国的野史笔记中未曾记载的。汤若望很受顺治帝的尊重，还对顺治帝说过“淫乐是危险最大”的话，所以这段史料当可信从。再就军人申斥夫人、顺治帝闻知后又打军人的情节看，似两人已在通情，而非顺治帝单恋。

这位夫人为董鄂氏，应当是没有疑问，那么，她原来还是有夫之妇，她的丈夫又是谁呢？

我们试从《清世祖实录》中有关记载作一推测。

顺治十三年（1656年）六月，奉皇太后谕：举行册立嫔妃典礼。得旨：先册立东西二宫。

同月，皇太后谕：孔有德女（按，名四贞，育养宫中，年尚幼小），宜立为东宫皇妃。

七月，襄亲王博穆博果尔死，礼部择吉于八月十九日册妃。上以襄亲王逝世，不忍举行，命八月以后择吉。

八月二十二日，立董鄂氏为贤妃。同日遣官祭襄亲王。

九月二十八日，拟立董鄂氏为皇贵妃。先于二十五日遣官祭襄亲王。

十二月，正式册立董鄂氏为皇贵妃[①]。颁诏大赦。博穆博果尔为世祖第十一弟，死时年十六。清初皇族常领兵出征，西洋人就称为“满籍军人”。所以，陈垣、商鸿逵推测董鄂氏的本夫当为襄亲王。“择吉”所以推后，绝非因襄亲王之死而“不忍举行”。依《清史稿》的“年十八，入侍”观之，她的年龄还长于襄亲王二岁。商氏说，综观官书所记宫闱情状看，太后并不喜悦董鄂氏，第二后孝惠皇后更因董鄂氏得宠而“不当上旨”。董鄂氏可能是入宫后指配别一皇子，即入宫后又出宫而后入宫侍顺治帝，这和杨贵妃受宠于玄宗有些类似。所以，董妃的儿子皇四子如不夭折，那么，康熙帝（皇三子，佟佳氏所生）未必能继位，宫闱之间可能又有纠纷。

---

① 皇太后与太后，皇太子与太子皆无别，这个“皇”字只是修饰词。皇贵妃与贵妃则是两种名位，皇贵妃次于皇后而高于贵妃。

《天童寺志》载顺治帝赐木陈忞御书唐诗一幅，后志庚子（顺治十七年，1660年）冬日书，诗云：

洞房昨夜春风起，遥忆美人湘江水。
枕上片时春梦中，行尽江南数千里。

此为岑参春梦诗，陈垣《汤若望与木陈忞》云："唐诗多矣，何独书此以赐僧人，盖是时董妃已卒，多情天子，念念不忘美人枕上，不觉遂于老和尚发之。"

顺治帝对董鄂氏所以如此多情，或许因为得之不由正途缘故，玄宗特宠杨妃也是一例，都由手段上的不正常而凝成特殊的感情。《长恨歌》云："杨家有女初长成，养在深闺人未识。天生丽质难自弃，一朝选在君王侧。"好像杨玉环原是以待字深闺的少女而入选，这究竟是诗人为尊者讳的忠厚之笔，还是故弄狡狯？董鄂妃入宫，就官方文书看，也是以闺女而径入后宫。总之，孝庄、顺治帝母子的情欲生活，都留下一重疑案。

（原载《饮河录》，中国社会科学出版社1997年6月版）

“墓门深更阻侯门”解

董小宛入清宫的公案，分信与不信两派。不信的以孟森为代表，信的有易顺鼎、罗惇曧、陈衍、王梦阮、陈寅恪等，相比之下，信的倒是多数派。但从历史真相而论，孟森之说较为可取，不仅仅由于小宛的年龄大于清世祖十四岁缘故。

八十年代，台湾版的《高阳诗说》还写了长文力证小宛确曾入宫为宠妃，文中又举陈垣文为例。陈氏固曾著文谈到董鄂妃，且颇精到，但未及董小宛入宫事，如按照陈氏之说，恰恰证明董鄂妃非董小宛。

但在不信派中，对若干具体情节的论证，也不尽一致，其中尤以吴伟业《题冒辟疆名姬董白小像八首》的“墓门深更阻侯门”句最滋歧义，黄裳先生称之为害人不浅的“朦胧诗”。顾启先生在《冒辟疆研究》中，以为这是指外戚田弘遇欲夺取小宛而未成事。依照顾说，其时为崇祯十四年（1641 年）前后，北都尚未沦亡，似与史实出入过大。

梅村的八首诗，前五首皆咏冒、董结识后的亲昵之情，余三首为：

念家山破定风波，郎按新词妾唱歌。恨杀南朝阮司马，累侬夫婿病愁多。

乱梳云髻下妆楼，尽室仓皇过渡头。钿合金钗浑抛却，高家兵马在扬州。

江城细雨碧桃村，寒食东风杜宇魂。欲吊薛涛怜梦断，墓门深更阻侯门。

这三首诗当是康熙三年（1664年）时作，时距小宛去世已十三年，内容追溯福王朝悍将嬖臣的弄权逞兵，绝不可能忽插入崇祯朝田弘遇事。诗前有小序云："则有白下权家，芜城乱帅，阮佃夫刊章置狱，高无赖争地称兵。奔迸流离，缠绵疾苦，支持药裹，慰劳羁愁。"历史背景颇为分明，与田国丈原不相干。

罗惇曧《宾退随笔》以为七八两首指高杰之祸，这倒是对的。但高杰骚扰江淮是一回事，小宛有没有被掳入军营（侯门）又是一回事。

高杰原是李自成部下，因与李妻邢氏私通，乃投奔南明，福王时封兴平伯。顺治元年（1644年）九月，大掠扬州，江北骚然。同年冬，冒辟疆偕小宛移家盐官。次年正月，许定国诱杀高杰于睢州。在此过程中，小宛未被掳幽闭。

但小宛生前既未被掳掠，为什么又有侯门云云？这是因为梅村题咏的是小宛遗像。意思是，当年避乱异乡，如今埋骨泉下，墓门的深重有甚于"一入深似海"的侯门，也即小宛一死，断绝了高家兵马掳掠之祸。盖墓门为纪实，侯门为虚写。当时兵马汹汹，尽室仓皇，小宛又是南朝金粉，辟疆自然十分惊怖，事后幸而未因兵祸而使二人分散，所以吴诗以此作结。至于被掳入宫事乃是空穴之风，梅村写诗时想也不曾想到。

有的人以为小宛入宫，就如侯门似海，其深阻远过于墓门，暗喻小宛最后非死于影梅庵。此非吴诗本意。帝王宫禁，是否能以侯门相喻？若用以比喻高杰辈的豪强新贵，倒是恰好。

有的人以为《影梅庵忆语》中所记小宛之死，是冒氏违心伪造的，因为冒辟疆记与小宛的遇合及后来避乱奔走的经过极为详细，独于小宛病逝前后的情节语焉不详，故也成为一大疑窦。

旧时中国妇女大都柔弱，尤其是江南金粉。《忆语》中就说"姬每春必抱病"，自经丧乱，颠沛流离，更显得"星靥如蜡，弱骨如柴"，我们用生理常识来推想，董小宛是不可能活得长久的。至于辟疆为什么对她的病逝情节语焉不详，那只有在泉下的冒辟疆本人能回答，但这绝不能作为故意伪饰的证据。

如果说，小宛未死而是辟疆未敢明言，那末，吴伟业等为什么也要跟着为他圆谎呢？梅村除诗外，还于康熙三年（1664年）甲辰有致冒辟疆书，末云："题董如嫂（如夫人之意）遗像短章，自谓不负尊委，因大篇追悼，缠绵哀艳，文生于情，俾读之者涉笔亦有论次，倘其可存，亦《梦华》佳话也。"挚友通信，自无顾忌，如果小宛这时确已入宫，梅村为什么还要这样说呢？而且小宛果真曾为新君宠妃，侯、吴怎敢公然以诗文形式来哀悼，岂非是在向清主挑衅？这时世祖虽已逝世，还有他儿子圣祖主宰全国呢。

此文刊载后，又接到冒鹤亭丈的文孙怀苏兄来信，信中录示鹤老于一九二〇年所作《影梅庵忆语跋》一文，文中有云：

> 影梅庵在征君南郭别业，夫人以顺治八年辛卯正月二日没，其年闰二月十五日葬庵侧，后十年而吴姬扣扣没，亦从葬焉。陈其年有《春日巢民先生挈舟约同务旃（即戴本孝。怀苏注）诸子过朴巢问影梅庵》诗，其自注曰："庵为董姬葬处。"可证也。光宣间士夫之浮薄者，乃创为夫人入宫之说……所据者梅村之诗……其曰"墓门深更阻侯门"也：夫人未归征君时，梅村尝见之，其归征君，不得而见之矣。侯门之阻指夫人之生而言也，其归征君而复逝，更不得而见之矣；墓门之深指夫人之没而言也。诗之义本至明，而解之者自误之，而犹自矜其淹博，漏滋甚矣。读《过墟志》者，多以为刘三秀归于豫王，然玉牒载豫王妻无刘佳氏，草茅之士无从见之，然则掌故固未易言也。且以其年考之，甚相远也。夫人生天启四年甲子，后十四年戊寅而世祖始生，又其没时，世祖尚未大婚，没后五年而董鄂皇贵妃始册之。若使椒房备位，而为之故夫者敢于为缠绵之《忆语》流布海内，海内名士复从而吊之和之，国初文网固不如是其疏也。

(见《冒氏丛书》第十五册)

读了鹤老的跋文，乃知吴诗的“墓门”句果是引起后人附会聚讼的一个焦点，我的推断因而也被否定了，这使我很高兴，故特录志于此。但也只有鹤老，才能破此难解之谜，例如孟心史先生对此句即未能揭示真相。这在鹤老固然为先人雪诬，有其感情上的报先因素，但于清初史事上也有重要的解惑作用。跋文中又云:“龙阳易顺鼎以皇后[①]行状及《忆语》合刊，其始犹含沙之蜮耳，其继粤人罗惇曧、闽人陈衍则公然笔之于书矣。”则此一公案的作俑者实为易顺鼎，后则愈演愈烈矣。一九九五年二月一日又记。

(原载《伸脚录》，辽宁教育出版社 1996 年 1 月版)

① 指孝献端敬皇后董鄂氏。

董小宛之死

兵荒马乱，到处啼痕的明末，在人文渊薮的东南，却出了几起名士悦倾城的故事。其中的女主角，又是风尘中人。

冒襄（辟疆）是明末四公子之一，董小宛是江南四名妓之一。他们的结合，特别为后人艳称，董小宛的名字，连民间也熟知，就因中间包含着一大疑案，直到今天，海内外学者还在著文争鸣。冒辟疆的诗文集，一般人未必收藏，诗亦无甚特色，但他的《影梅庵忆语》，得之甚易，读书界大都阅读。除了史料价值之外，也因其文字优美，故事凄凉之故。

小宛是秦淮歌妓，名在教坊司乐籍，但她与一般操皮肉生涯者不同，只限于歌唱侑酒。妓女从良，有的未必出于自愿，结局往往很悲惨。冒董的结合，却是出于小宛的自主，以少女而有慧眼，《忆语》中即有“屡别屡留，不使去”语，所以嫁冒氏后，双方确有真挚的爱情，从操家、避乱种种情节中都可以看到。在这一点上，董小宛、柳如是、李香君等，比父母包办的婚姻更有自主性，包办婚姻的感情引线，是在洞房花烛夜两人才相视一笑。董小宛等则在事前已经有过接触与选择，对对方的性格、才能都已有了了解。当然，这毕竟是极少数。

《忆语》一开头就说：“爱生于昵，昵则无所不饰，缘饰着爱，天下鲜有真可爱者矣。”昵指偏爱，即俗语所谓情人眼里出西施。言下之意，他在《忆语》中写小宛各种德才上的优点，都是真实的，出于至情的，

“始终本末，不缘狎昵”，即并非出于色欲上的赏玩。

小宛的才华，确非庸脂俗粉可比。她出身乐籍，体弱多病，却能文能诗能书能画。辟疆著书，她帮他“稽查抄写，细心商订，永日终夜，相对忘言”。这时她不过二十出头。可惜两人相处，只有九年，“余一生清福，九年占尽，九年折尽矣”。这里就要谈到董小宛之死这一疑案。

世传董小宛被掳入宫为清世祖宠妃事，孟森等已有专文辟正，这里不再多说，但信者还是有的。其中有这样一说：《忆语》中对小宛在冒家时的一言一行，都写得很周到，但对她的死亡，为什么语焉不详？因而以为辟疆有难言之隐，故意回避。这是由于先有入宫的成见，而又不重视《忆语》重心的缘故。

《忆语》对小宛之死，确未有详尽的记载，而对治学、品茗之类，却不厌其详，这又是什么原因呢？原因是他早已写过二千多字的哀辞，这且留在后面再说，先说《忆语》本身。

《忆语》不分卷，是哀辞的补充，随手摘录，忆则书之，所以也没有层次。但从几则记事看，我们已可断言：小宛是一个不幸的不寿女子。

冒董第一次相见在崇祯十二年（1639 年）秋，当时匆匆而别。当时冒二十九岁，董十六岁。第二次为十五年二月，小宛危病十八天，又值母死，“镝户不见客，余强之上，叩门至再三，始启户，灯火阒如，宛转登楼，则药饵满几榻”。这时小宛为十九岁，已是“药饵满几榻”。她的病，当是肺病，即所谓“少年痨”，在古代等于绝症。董小宛后嫁辟疆，《忆语》中有云:“余出入应酬之费，与荆人日用金错泉布，皆出姬手。姬不私铢两，不爱积蓄，不制一宝粟钗钿，死能弥留。元旦次日，必欲求见老母，始瞑目。而一身之外，金珠红紫尽却之，不以殉，洵称异人。”这是因赞美其治家贤慧而涉及的，似乎小宛生前事迹至此而止，却又不然。这以后所记的与她共处的故事还多得很，可见《忆语》是想到什么写什么，而这些细节，原是长留在辟疆的记忆中，写来又很自然，决非随意捏造，是真是伪，一目了然。又如“每见姬星靥如蜡，弱骨如柴，吾母太恭人及荆妻怜之感之”。她如蜡如柴的形容，也是肺病人的特征。可见小宛一直是在病中，强自支撑着治家侍夫，中间又经丧乱流离，对她的病情自然极为不利。余怀《板桥杂记》中卷也说：“(董小宛) 年二十七，以劳瘁死。”张明弼《冒姬董小宛传》中也这样说，难道都是帮着辟疆捏造？

《忆语》开头时，有自述其写作动机云：“余业为哀辞数千言哭之，格于声韵不尽悉，复约略纪其概。每冥痛思姬之一生，与姬偕九年光景，一齐涌心塞眼。”这是说，小宛死后，他先作了数千言的哀辞，因限于韵文，不能详记，故又作《忆语》。《板桥杂记》也说：“辟疆作《影梅庵忆语》，二千四百言（哀辞）哭之。”余怀是看到过这篇哀辞的，如果小宛确是入宫的话，冒氏及其友人只能不作声，还敢公然声张吗？

此哀辞刊于如皋冒氏丛书本及拜鸳楼本，今人顾启《冒襄研究》(江苏出版社出版) 曾有节引：“夙婴惊悸，肝胆受伤。恒于春半，瘦削肌香。祸触风寒，季夏十七。沉哉沉湎，遂成瘦疾。痰涌血溢，五内崩舂。虚焰上浮，热面霞烘。（中略）初腊驰旋，两眼一见。脂玉金削，飘摇徒倩。一息数喘，娇喘气幽。香喉粉碎，靡勺不流，火灼水枯，脾虚肺逆。呼吸泉室，神犹婉娴。”这对董小宛病危时的实况，不是写得明明白白吗？她的死，确是由于肺病。

但顾先生所录小宛十一首《秋闺词》，说是原件为折扇，作于小宛十七岁时，却不无疑问，恐是后人伪托。小宛的学问，还是嫁与冒辟疆后才有成就的。又据孙殿起《贩书偶记》，记冒襄有《朴巢诗选》无卷数，《文选》四卷，附《亡姬纪略》一卷，“崇祯间精刊”。这亡姬如指小宛，则小宛卒于顺治八年（1651 年)，崇祯间刊本怎会有这一《纪略》？小宛卒后，辟疆又娶妾圆玉、女罗，王士禛有《题冒辟疆姬人圆玉女罗画》，但这两人是在清代所娶的，也不能入崇祯间刊本。

（原载《清宫掌故》，辽宁教育出版社 2000 年 4 月版）

孔四贞与顺治

旧时我们浙东，遇到发生危难恐慌的变故时，常用一句“三王造反”的土语形容，其中却包含着清初的一段重大史实。

吴三桂、耿仲明、尚可喜、孔有德，本皆明之将领。后来他们均降清，都被封王。康熙年间，吴三桂、耿精忠（仲明之孙）、尚之信（可喜之子）皆举兵反，世称三藩之乱，也即“三王造反”土语的来历，故三人皆入《逆臣传》。清代汉人封王的只有清初这四人。晚清时，曾国藩击灭太平军，号称同治中兴，应可封王，却只封侯，但蒙古的僧格林沁则封王，亦见清廷对汉人戒心之严。

除了吴、耿、尚之外，还有孔有德。有德于关外的清太宗时封恭顺王，顺治六年（1649年）改封定南王，镇广西，驻桂林。顺治九年五月，被南明李定国围攻，自缢死。其子廷训，亦为李定国所杀。清兵收复桂林，对有德颇示优恤。这时他身后只有一女四贞，扶丧至京师时，清廷赐白金万两，食俸与和硕格格相同。和硕，满语为一方之意。妃嫔所生之女封和硕公主，亲王之女封和硕格格，即郡主。清廷虽于四贞极尽笼络之能事，但有德仍入《贰臣传》。

当时四贞约十五六岁，顺治与孝庄太后怜有德身后萧条，乃将四贞迎入宫中，为太后养女。太后欲为择婿，四贞自陈有夫，其夫为有德偏将孙龙之子孙延龄。于是太后命为夫妇，赐第东华门外，封延龄为和硕额驸、内辅政大臣。康熙五年（1666年），四贞又还广西，掌定南王事，清廷实欲借四贞以镇抚有德旧地。康熙十三年，孙延龄从吴三桂反，四贞曾力劝孙延龄反正。后因延龄首鼠两端，又遣庆阳知府傅弘烈迎清师，被吴三桂侦知，便使其从孙吴世琮执杀延龄，四贞督兵御战。后还京师，已为一四十余岁之寡妇。

四贞事本可至此作结，但其人早年一度成为清代宫闱的热线人物，即顺治帝曾有意将其册立为妃。吴伟业《仿唐人本事诗四首》即咏四贞与顺治帝事：

聘就蛾眉未入宫，待年长罢主恩空。旌旗月落松楸冷，身在昭陵宿卫中。

锦袍珠络翠兜鍪，军府居然王子侯。自写赫蹄金字表，起居长信阁门头。

藤梧秋尽瘴云黄，铜鼓天边归旐长。远愧木兰身手健，替耶征战在他乡。

新来夫婿奏兼官，下直更衣礼数宽。昨日校旗初下令，笑君不敢举头看。

第一首的待年即待嫁，松楸本指坟墓，昭陵云云指顺治帝逝世未久，意谓四贞本该是顺治帝后宫中人。第二首前二句指四贞封郡主，掌定南王事，后二句指入宫为太后养女事。赫蹄为薄幅小纸，长信宫为汉宫名，太后所居。意谓通籍宫禁，得自奏事。第三首藤梧瘴云指广西地区，铜鼓亦与广西有关，非泛咏。此首指四贞扶父柩至京师事。第四首指孙延龄起家卑微，以妻四贞而始贵显，故貌为恭敬，四贞对延龄则颇轻视，故有“笑君不敢举头看”语。

这四首诗，也不仅仅为诗人借吟咏以隐存一朝掌故，其事且见于史籍。王氏《东华录》顺治十三年（1656 年）六月云：“癸卯，谕礼部，奉圣母皇太后谕，定南武壮王女孔氏，忠勋嫡裔，淑顺端庄，堪翊壸范，宜立为东宫皇妃，尔部即照例备办仪物，候旨行册封礼。”《东华录》所据者为《清世祖实录》，则太后欲以四贞为妃固是事实。吴诗第一首原已说得很明白，否则，四贞以环靚蛾眉怎能宿卫陵寝？蒋氏《东华录》未收载，或因乾隆朝时对此事尚欲隐避。

但这里仍使人疑惑的是：此事既已由太后下谕，何以后来忽又中止册立呢？原因当是得知四贞已配延龄。但帝王册立一个妃子，对她有没有许配他人，事先难道不探问清楚，怎么能这样贸然由国母下谕呢？这类事若发生在民间也已难于想象，为什么年轻的顺治一见之下便急不可待呢？既已中止，何必再入《实录》，徒然贻人话柄，其事与孙延龄之反清是否有关？这其中想必有许多宫廷隐秘，今已无法明了了。

（原载《伸脚录》，辽宁教育出版社 1996 年 1 月版）

顺治与金圣叹

前几年读金圣叹诗，其中有《感春八首》，并有序云：“顺治庚子（十七年）正月，邵子兰雪从都门归，口述皇上见某批才子书，谕词臣此是古文高手，莫以时文眼看他等语。家兄长文具为某道，某感而泪下，因北向叩首敬赋。”读后感到奇怪，顺治帝怎么会如此赏识金圣叹呢？可能是传闻之误。

近读陈垣《汤若望与木陈忞》文，引僧人木陈道忞的《北游集》，记两人有关文学的对话。顺治帝问道：“苏州有个金若采，老和尚可知其人吗？”木陈道忞答道：“闻有个金圣叹，未知是否？”顺治帝道：“正是其人。批评《西厢记》、《水浒传》，议论尽有遐思，未免太生穿凿，想是才高而见僻者。”木陈道忞道：“与明朝李贽同一派头耳。”

顺治帝评论金圣叹的话，和现代学者的评论也相吻合：有他深刻一面，但也有偏见。木陈道忞的话，又说出李、金在文学观上是同一流派，可见金圣叹序中的话是真实可靠的，难怪他感激而喜悦。又说明金批《西厢记》已有顺治刻本，只怪我读书太少。另外还有一个原因，金圣叹是个出名的狂生，他为人所知主要由于批评《西厢记》、《水浒传》，而《四库全书》不收戏曲、小说，康熙帝、乾隆帝的诗文都是道貌岸然，圣心相承，自必把《西厢记》、《水浒传》看作诲淫诲盗的邪说。清代文字狱中的有些文士，本是无罪，只因所谓狂僻悖谬而遭祸，由此推想，凡是一登帝位，即不可能赏识金圣叹那样的文才。这也是一种偏见。

陈文又记顺治帝颇爱《离骚》、司马相如赋，还在木陈道忞前通诵《前赤壁赋》，又说晋朝文字只有陶潜《归去来辞》最佳，《红拂记》道白不好，因为用四六词，反觉头巾气。木陈道忞问他皇上读八股何用，他说因为要开科取士，复试进士文章，状元是他的“敝门生”。顺治帝也说得老实而风趣。

顺治帝擅书法，收藏着明崇祯帝墨迹八九十幅，连声称赞：“如此明君，身婴巨祸，使人不觉酸楚耳。”就像明遗臣的口气。

这时顺治帝约二十岁左右，可惜享年仅二十四岁，如果再活三四十年，在清代能文诸帝中，他的文学思想和审美趣味，倒是属于创造性、开放性，而有重大的成就和影响。

顺治帝卒于十八年，哀诏至苏州时，发生诸生哭庙一案，金圣叹也参预其事，就此被杀。圣叹比顺治帝大上三十年，地下相逢，顺治帝以帝王而为圣叹知音，圣叹也可视为忘年交了。

（原载《伸脚录》，辽宁教育出版社 1996 年 1 月版）

清帝与天花

鲁迅在《拿破仑与隋那》中，把两人作了对照后，感慨于一些杀人不眨眼的大灾星还在被后人敬服为英雄，而救活了多少孩子的隋那的名字，却没有人记得他了。

隋那通译作琴那，是英国医学家，牛痘接种的创始者。他的名字，永远地留在了世界医学史上。

天花确实是可怕的传染病，周作人说苍蝇是“美和生命的破坏者”，也可移用于天花。但琴那的牛痘接种法，却是在中国的人痘接种术影响下发明的。

天花古称虏疮、赤斑疮，到宋代始称为豆疮或痘疮。因为患者大多是儿童，所以古代列于儿科，到后来则从儿科中分出而别立痘科。《红楼梦》第二十一回，写凤姐之女大姐儿患天花时家中的紧张神秘气氛，犹可见天花在当时确是一种险症。

中国的人痘接种法，最早为痘衣法，即穿病孩之衣。后来改为将病孩的疮浆，用棉花浸湿，塞入接种儿童的鼻孔，再后来改为痘痂法，效果较好。所以，这也是中国医学史上人工免疫法的滥觞，俗语所谓以毒攻毒。

琴那的牛痘术发明于一七九六年，即清代嘉庆元年，我由此想起天花和清代三个皇帝的关系。

顺治帝的逝世，后世存有较多传说，但王熙自撰年谱云：“三鼓，奉召入养心殿，谕：朕患痘，势将不起。”王熙为亲受遗命的汉大臣，所记自然极为可信。次为张宸《青琊集》中，亦记顺治帝卒后，“传谕民间毋炒豆、毋燃灯、毋泼水，始知上疾为出痘”。上述《红楼梦》中也有“一面传与家人忌煎炒等物”的话。张宸是上海人，顺治帝的皇后董鄂氏死后，祭文即张宸所撰，其中载有：“渺兹五夜之箴，永巷之闻何日？去我十臣之佐，邑姜（周武王的皇后）之后谁人？”顺治帝读后，为之流泪。这都说明顺治帝死因是天花。

顺治帝因患天花而死，他的儿子康熙帝却因出过天花而入承大统。康熙帝有兄福全，即董鄂氏所生，当时所以未将福全嗣位，固然由于祖母孝庄太后对康熙帝特别疼爱，另外也因福全未出过天花而恐日后会患此险症，康熙帝却已出过。据比利时人南怀仁的记述，康熙帝五十岁时，“脸上有点痘痕”（《清代西人闻见录》）。说明康熙幼年虽已用“土法”接种过，但仍留下麻点。在接种前后这段时间里，护侍他的主要保姆是汉军旗曹玺之妻孙氏，即曹雪芹的曾祖母。

第三个是同治帝。清代官文书中，都说他患痘症而死，野史则说是患梅毒。但从翁同龢的日记来看，词语颇为闪烁，如“唯遗泄亦浊”、“腰间肿处两孔皆流脓，亦流腥水”，这些症象，就不像是天花，太医的脉案还说“外溃则口甚大，内溃则不可言，意甚为难”。其实已很明白了，正是宫闱事秘，臣子有难言者。

高阳先生以为同治帝系梅毒与痘症并发，重心则是梅毒。我觉得倒是可能。

对天花患者是应当同情的，尤其因为患者大多是幼儿。天花在我国已经消灭了，人们将永远感谢琴那。梅毒在解放后本来也已断根，可是近年来马路上江湖郎中的广告，既令人恶心，又令人痛心。

（原载《伸脚录》，辽宁教育出版社 1996 年 1 月版）

智擒权臣

清世祖是患天花而死的，继承其位的是他的第三个儿子玄烨，即圣祖。说来凑巧，圣祖嗣位的原因，却又与天花有关。

天花古称痘疮，古传的免疫法，是用天花病人的脓液或脓疮痂制成的粉末吹进幼儿的鼻孔，使他们发烧，然后出现轻微的水痘，作为免疫的方法。

但这种方法，并不是很有保证①。圣祖幼年时亦经过接种，还被隔离在一座寺庙中，所以他在儿时即和父母分离，结果脸上还是留下麻点。他的祖母太皇太后（即孝庄后）认为圣祖已出过天花，就不致像他父亲那样再得这种可怕的病症，因而让他嗣位。比利时传教士南怀仁在《鞑靼旅行记》（见《清代西人闻见录》）中，记他曾见到过圣祖，"脸上有点痘痕"，也可为证。

自然，圣祖的嗣位，并不完全由于这原因。祖母孝庄对圣祖的爱护，确是超过其他孙子，所以圣祖对这位祖母，也是始终感恩，特别孝顺，在文词中屡屡称颂。孝庄一生，早年辅佐丈夫皇太极扬威于关外，中年扶保儿子福临定鼎于北京，晚年护导孙子玄烨践位于动荡之间。她不但在有清一代是一个了不起的女能人，在历代的后妃中，其才能

---

① 中国在十六世纪时，已采用人痘接种法，也是世界上最先使用人工免疫法的先例，曾传至欧亚各国。但最有效的免疫法，则始于一七九六年（清嘉庆元年）英国医学家琴纳的使用牛痘苗。

手腕，也是屈指可数的。

圣祖即位时，年仅八岁。清朝制度，母后不得参预朝政，因此由四大臣辅政，这也是世祖临终时指定的。这四大臣是索尼、苏克萨哈、遏必隆、鳌拜，都是满人，也是当年反对多尔衮的健将，故为世祖所信任。

开始时，四大臣尚和衷相处，到了后来，矛盾逐渐增加。这也是不难想见的，因为四大臣的权位既仅次于皇帝，皇帝又是个幼主。四大臣的旗籍不同，这也意味着派系不同，而人的权欲是无穷的，所以不可能不发生裂痕。

鳌拜是镶黄旗人，他在四人中名次最后，而权欲最强，平日居功自傲，骄横专擅，密结党羽，擅杀廷臣。这使好些大臣深感危惧，要求圣祖亲政，刑科给事中张维赤首先上疏，索尼提出："世祖章皇帝亦于十四岁亲政，今主上年德相符，天下事务，总揽裕如，恳切奏请。"索尼（正黄旗）即世祖孝诚仁皇后的祖父，他对鳌拜和苏克萨哈的争执很痛恶，但这时年纪已老，不久病逝。

索尼逝世后，圣祖看到鳌拜专横日甚，四大臣已不能发挥原有的辅政作用，便于康熙六年（1667年）七月，以辅政臣屡行陈奏为由，往奏祖母太皇太后（时年五十四），经允许后，即于七月初七日举行亲政大典。

苏克萨哈（正白旗）是额驸（驸马）的长子，和鳌拜原是姻亲，但论事常和鳌拜相忤，久而积成仇怨。这时四大臣中已剩三个，苏克萨哈担心鳌拜对他的威迫会加重，心中颇为愁闷。圣祖亲政后，便上疏奏陈，想到自己身患重疾，不能始终效力于皇上，请求往守先帝陵寝。圣祖乃旨谕议政大臣："苏克萨哈奏请守陵，如线余息，得以生全。不识有何逼迫之处？在此何以不得生，守陵何以得生？其会议具奏。"这自然给鳌拜以可乘之隙，便罗织说这是苏克萨哈不愿圣祖归政（其实是"夫子自道"），列举罪状二十四款，应如大逆论处，苏的长子查克旦一同磔死（古称车裂），另外一些族人都要斩头。圣祖知道鳌、苏有积怨，没有准鳌拜之请，鳌拜竟攘臂向前，强奏累日，最后便将苏克萨哈处以绞刑。苏克萨哈的七个儿子，一个孙子，两个侄子，以及族人前锋统领、侍卫二名都遭斩决，连同苏克萨哈本人一共是十四条生命。这是圣祖亲政后由鳌拜构成的一件大狱。

这时四大臣中除鳌拜外，只剩下一个遏必隆，又害怕鳌拜的淫威而不敢劾奏。康熙七年（1668 年），侍读熊赐履疏言："朝政积习未除，国计隐忧可虑"，并引用宋儒程颐"天下治乱系宰相"语，显然是指鳌拜，但为圣祖所斥责，后又加鳌拜太师衔。当时有窃取鳌拜之马的，他便捕而斩之，还连御马群牧长一同杀死。又如户部满籍尚书缺员，鳌拜想给玛尔赛，圣祖却给予玛希纳，鳌拜便援引顺治间故事，强请除授。玛尔赛死后，部臣请谥，圣祖不允，鳌拜擅令予谥"忠敏"。

从这几个例子已可看出，鳌拜不把亲政后的圣祖放在眼里。但这时圣祖已非娃娃了，至少有一点他是懂得的：皇帝的权力谁也不能超越，皇帝作出的决定谁也不能违反。鳌拜却不止在一二件事情上和皇帝作对。

康熙八年（1669 年）五月，圣祖命议政王大臣逮治鳌拜，上谕中说："凡用人行政，欺朕专权，恣意妄为。文武各官欲尽出伊门下，与穆里玛等结成同党。凡事在家定议，然后施行，且倚仗凶恶，弃毁国典，与伊相合者荐拔之，不合者陷害之。"接着，由康亲王杰书等列陈鳌拜大罪三十款，议请给以革职、立斩、籍没的处分。圣祖还亲自审问，情罪俱实，"但念鳌拜在累朝效力年久，且皇考曾经倚任，朕不忍加诛。姑从宽革职，籍没，仍行拘禁"。后来鳌拜死于禁所。《清史稿》评云："鳌拜多戮无辜，功不掩罪。圣祖不加诛殛，亦云幸矣。"俗语说："瓦罐不离井上破。"意思是，瓦罐天天向井中汲水，井由砖石砌成，总有一天会撞得破碎。对于弄权逞威的鳌拜等人来说，倒是很巧妙的写照。

但鳌拜被治罪，是经过圣祖严密谨慎的布置的，当初熊赐履上疏之所以受到斥责，就因时机尚未成熟缘故。昭梿《啸亭杂录·圣祖拿鳌拜》云："余尝闻参领成文言，国初鳌拜辅政时，凡一时威福，尽出其门。……尝托病不朝，要上亲往问疾。上幸其第，入其寝，御前侍卫和公托见其貌变色，乃急趋至榻前，揭席刃见。上笑曰：‘刀不离身乃满洲故俗，不足异也。’因即返驾。以弈棋故，召索相国额图入谋画。数日后，伺鳌拜入见日，召诸羽林士卒入，因而问曰：‘汝等皆朕股肱耆旧，然则畏朕欤，抑畏拜也？’众曰：‘独畏皇上。’帝因谕鳌拜诸过恶，立命擒之。声色不动而除巨慝，信难能也。”这确也表现了这位少年皇帝的智谋魄力。姚元之《竹叶亭杂记》说是圣祖居宫中时，每选满洲小儿善扑者戏于前，鳌拜以圣祖童心好弄，益轻侮不介意。至是入见，遽为所擒，武侠小说《鹿鼎记》中描写的擒鳌拜的情节，或即取材于此。

印鸾章《清鉴》，将鳌拜等四大臣的辅政，比作顺治初多尔衮、济尔哈朗之辅政，而鳌拜的横暴过于多尔衮，一日之间，杀大臣数人，不臣之状，业已显著。萧一山《清代通史》卷上云：“当时南北肃清，颇有可为；而鳌拜盘据要津，朋比为奸，故康熙初政，颇无足纪。”正说明权臣与朝政关系的密切。

一切政变的核心是权力的争夺。当时的鳌拜一派，已形成和皇帝相对峙的局面，如果任其跋扈下去，难保不有更重大的危害。所以，圣祖擒治鳌拜，实际是皇帝发动的对权臣的一场宫廷政变。

(原载《清代宫廷政变录》，香港中华书局 1992 年 8 月版)

快乐皇帝的烦恼

清圣祖八岁登位，六十九岁逝世，在位六十一年，是中国历史上享国最长的一位皇帝。《圣祖实录》曾记他的话，自秦始皇以下，称帝而有年号者二百一十一人，“在位久者，朕为之首”，亦可见其自得之状。

清圣祖在五十九岁时，才有白须数茎，有人向他进乌须方，他笑而辞之：“自古帝王鬓须白者史书罕载，吾今幸而斑白矣。”（《圣祖御制文四集》）又说：“朕若鬓须皓然，岂不为万世之美谈乎？”从他的自我欣赏上看，他可以说得上是一位快乐皇帝了。

圣祖共有四位皇后，连同妃嫔，共有妻妾五十五人。又据《实录》所载，圣祖的儿子、孙子、曾孙共有一百五十余人。儿子一辈，除早殇的十一人外，成人的有二十四人，女儿二十人。

儿子这么多，又非一母所生，这在显宦豪绅家庭，已难以避免此起彼伏的纠纷。帝王是家天下的，帝王的多子，更容易成为政变性纷争因素。这位快乐皇帝的后期，为此而引发极大的烦恼。

清人在关外时，本无预立太子之制。圣祖本人，虽登位于入关以后，亦非由他父亲（世祖）预立。但到他君临中国后，却一反祖制，预立储君。按照惯例，册立的储君必须是嫡子，即正妻所生之子，嫡子之中则立长子。圣祖诸子中，年龄最大的为直郡王允禔，生于康熙十一年(1672年)，圣祖原很宠爱，曾命他从征塞上。但因他是惠妃纳拉氏所生，系庶出，所以未立为太子，允禔未必心服。所以后来争夺储位时，允禔便成为重要角色。

第二个儿子为允礽，比允禔小二岁。他的生母为孝诚皇后赫舍里氏。可是在允礽出生后，孝诚皇后就死了，年仅二十二岁。

皇长子允禔既因非嫡出而不得立，那么，储位便落在皇二子允礽身上了。这时清政权虽已巩固，各地仍有战乱，圣祖册立太子，未始不是全面服膺汉化的表示，藉此以取得汉人的更多拥护。诏书中即说："自古帝王继天立极，抚御寰区，必建立元储，懋隆国本，以绵宗社无疆之休。"这不仅仅是粉饰性的门面话。

允礽的册立，在康熙十四年（1675 年）十二月，允礽出生只十八个月，圣祖为二十二岁，庆典皆沿明朝的仪式。但因太子年幼，由乳母抱着受册宝。这以后，允礽便由乳母养育。宫闱中后妃所生的儿子，即使生母还活着，母子也很难时常接近的。

圣祖对允礽起先是很钟爱的，说他"日表[①]英奇，天资粹美"，并亲自为他讲授经书。还有一点，孝诚后是他第一个皇后，册立时圣祖年仅十二岁，生下允礽后即夭逝，对允礽的感情自然特殊些，曾说过"允礽乃皇后所生，朕妪煦爱惜"的话。

太子六岁就学时，又慎选大臣兼名儒张英、李光地等担任师傅，后来又带他出外巡视。太子本人，确也聪明英武，通晓满汉文字，娴习弓马。才过二十岁，就能代父亲处置朝政。圣祖亦称"其骑射言词文学，无不及人之处"。约在太子十九岁时，还写过"楼中饮兴因明月，江上诗情为晚霞"的联句（见王士禛《居易录》）。徐世昌《晚晴簃诗汇》曾收录允礽诗六首。

不想到了康熙二十九年（1690 年），父子之间却出现了裂痕。

这年七月，圣祖为实现祖母孝庄皇后的遗愿，亲征噶尔丹（蒙古的一个部族首领）。八月，圣祖患病于塞上，乃召太子及皇三子允祉至

① 古代亦以日喻帝王，如"日下"，即帝都。日表指皇帝的仪表。

行宫。可是允礽看到父亲的病情，“绝无忠君爱父之心”，这使圣祖大为不满。有人分析说，太子当时以为很快就可以继承帝位。是否属实，现在已无法断言，但这件事引起圣祖的恶感则无疑义。后来废太子时，圣祖说“朕包容二十年矣”，就是以“侍疾无忧色”这一年为起点的。

康熙三十三年（1694年），太子已满二十岁，礼部拟定祭奉先殿仪注[①]，并疏请将太子的拜褥置于奉先殿内。圣祖不允，命移至槛外。礼部尚书沙穆哈等深恐日后得罪太子，奏请将谕旨记于档案。圣祖大怒，还责问沙穆哈“记于档案，是何意见?”遂将沙穆哈革职。

奉先殿置太子拜褥的奏疏，原是出于索额图的指使。此人是辅政大臣索尼的第三子，太子生母的叔父，平时结党营私，攫取权力，也是太子党的首脑。自从圣祖厌恶太子后，索额图仍一再受太祖严厉斥责，甚至被斥为“诚本朝第一罪人也”。最后索额图死于禁所。

置拜褥事件发生后，圣祖正当四十一岁的盛年，但我们已可看到，太子及其党羽的权势已很煊赫，隐然欲使太子和圣祖分庭抗礼。沙穆哈等原在为自己留后步，而圣祖已察觉其隐情，故而加以遏制。这样也就更激起太子对圣祖的敌意，圣祖后来也说过允礽要为索额图复仇的话。但这时圣祖还是容忍的，自也有他委屈的苦衷。

到了第二年，他还为太子册妃，可见他对允礽仍然有所期望。

康熙四十四年（1705年），太子随圣祖南巡。四月，至江宁府，两江总督阿山为取悦太子，授意江宁知府陈鹏年在辖区增加赋税。鹏年素性耿介，予以拒却。后圣祖驻龙潭，见御床上有污物，大怒，太子便把责任推在陈鹏年身上，鹏年几乎被处死，赖江宁织造曹寅力谏而免。

圣祖为人仁厚，而允礽却对王公大臣任意凌虐，甚至捶挞，如平郡王讷尔素、贝勒海善，这些人就因为不依附允礽而遭允礽凌虐。

圣祖宫中虽然多妃嫔，却绝不向市井冶游，如他自己所说:“从不

① 奉先殿，顺治十三年（1656年）诏建，在景运门东北，因供奉的是皇帝的祖先，所以是皇宫内的太庙。

令外间妇女出入宫掖，亦从不令姣好少年随侍左右。守身至洁，毫无瑕玷。……今皇太子所行若此。”又说他巡幸时“或驻庐舍，或御舟航，未尝跬步妄出，未尝一事扰民。乃允礽同伊下属人等，恣行乖戾，无所不至”，以至“令朕赧于启齿”。

康熙四十七年（1708年），朝鲜使者在向国王呈送的奏折中说：“百姓议论，太子不忠不孝，他暗中搜集民间妇女。”康熙五十一年，又奏报说：“太子不改沉湎于酒色之旧习，他私派心腹到十三个富庶的省份勒索财富，强夺美女。”这是得自民间的议论，可见允礽的放荡，已经盛传于民众之口，也确实丧失了皇家的体统，东宫的声望。圣祖说的“今皇太子所行若此”，也确是老父的伤心之词。

圣祖向以仁孝自励，允礽所作所为虽使他痛恨，但还是容忍着，也可说是姑息。

康熙四十七年（1708年），圣祖巡幸塞外，皇太子允礽、皇长子允禔、皇十四子允禵等皆随行。允祄是皇十八子，年仅八岁，亦随行。到了中途，允祄患上重病，可能因年幼而初到塞外缘故，这时又成为加深圣祖对允礽恶感的一个契机。《清史稿·允礽传》云：“皇十八子抱病，诸臣以朕年高，无不为朕忧。允礽乃亲兄，绝无友爱之意，朕加以责让，忿然发怒。每夜逼近布城，裂缝窃视。从前索额图欲谋大事，朕知而诛之，今允礽欲为复仇。朕不卜今日被鸩，明日遇害，昼夜戒慎不宁。”允祄患病，允礽“绝无友爱之意”，这还不能算是大罪名。但下文裂缝窃视，昼夜不宁两节，如果属实，就是逆子的行为。“从前索额图欲谋大事”句，王氏《东华录》作“从前索额图助伊潜谋大事”，语意更为明显。圣祖怎么知道允礽裂缝窃视呢？那是因为允禔暗中监视之故。允禔以皇长子而不得立为太子，对允礽自然要看作死对头。这说明父子、兄弟之间的关系，已经激化到这个地步了。

圣祖此时尚在塞上，本想回京告祭奉先殿后再行废黜，但因迫不及待，便在返京途中，驻布尔哈苏台时，即召集诸王大臣侍卫等于行宫前。皇太子跪在地上，圣祖垂泪宣布太子种种罪状，最后说：“似此不孝不仁，太祖、太宗、世祖所缔造，朕所治平之天下，断不可付此人!”(见《清史稿》) 谕毕，圣祖不觉痛哭仆地，由诸大臣扶起。后将允礽拘禁，命允禔监视。一时东宫无主，而圣祖对允礽仍有深情。

康熙四十八年（1709 年）三月，允礽终于复立。复立的原因，一是藉此稳定内部，消除各皇子之间的倾轧纷争，所以诸子中有的晋封亲王，有的晋封郡王；二是太子党中最起作用，又对圣祖君权威胁最大的是索额图及其两个儿子，这时已被处死。

后来圣祖发觉允礽仍在结纳亲信，还说过“古今天下，岂有四十年太子乎”这样的怨言。于是至康熙五十一年（1712 年）十月，圣祖又将皇太子允礽废黜，禁锢咸安宫。从此，他就不想再立太子，其间虽命大学士、九卿等裁定太子仪仗，终未使用。

（原载《一盏录》，山西古籍出版社 1998 年 3 月版）

塞上废太子

圣祖后宫中，有几个汉军旗的妇女，如密妃王氏、勤妃陈氏、襄嫔高氏等。满汉虽不通婚，而汉军旗的女子则可入后宫。如顺治时定南王孔有德（汉军正红旗）之女孔四贞，世祖一度想将其册立为妃，后知其已许孙延龄而作罢。吴伟业《仿唐人本事诗》中云："聘就娥眉未入宫，待年长罢主恩空。旌旗月落松楸冷，身在昭陵宿卫中。"此诗即咏四贞事。

在圣祖的汉族诸妃中，圣祖最宠爱的是密嫔王氏。她的家世不详，仅知其生子三人：允禑、允禄、允祄。圣祖还让耶稣会画家为她画像，高士奇在《蓬山密记》中，记圣祖准许他观看密妃之像："尔年老，久在供奉（指曾值南书房），看亦无妨。"可见密妃深受宠幸。

康熙四十七年（1708年），圣祖巡幸塞外，皇太子允礽、皇长子允禔、皇十四子允禵等皆随行。允祄是皇十八子，年仅八岁，亦随行。到了中途，允祄患上重病，可能因年幼而初到塞外缘故，这又成为加深圣祖对允礽恶感的一个契机，《清史稿·允礽传》云："皇十八子抱病，诸臣以朕年高，无不为朕忧，允礽乃亲兄，绝无友爱之意，朕加以责让，忿然发怒。每夜逼近布城，裂缝窃视。从前索额图欲谋大事，朕知而诛之，今允礽欲为复仇。朕不卜今日被鸩，明日遇害，昼夜戒慎不宁。"允祄患病，允礽"绝无友爱之意"，这还不能算是大罪名，但下文裂缝窃视，昼夜不宁两节，如果属实，就是逆子的行为。"从前索额图欲谋大事”句，王氏《东华录》作“从前索额图助伊潜谋大事”，语意更为明显，也便是要发动政变。圣祖怎么知道允礽裂缝窃视呢？那是因为允禔暗中监视之故。允禔以皇长子而不得立为太子，他对允礽自然要看作死对头。这说明父子、兄弟之间的关系，已经激化到这个地步了。

允礽和索额图的潜谋，当在康熙四十一年（1702年）允礽在德州养病，召索额图前往侍疾。圣祖在斥责索额图的谕旨中有这样的话：“去年皇太子在德州时，尔乘马至皇太子中门方下，即此是尔应死处，尔自视为何人耶？朕欲遣人来尔家搜看，恐连累者多，所以中止。”索额图之所以敢于乘马至皇太子中门方下者，正因为自恃为太子亲信，太子需要他划策支持的缘故。孟森《明清史讲义》第二章对此事评云：“又云若搜看其家，恐多连累，则又非失礼而有犯逆，且不可使有连累，则顾忌甚切，自属为太子地矣。然则索额图助太子谋逆之案，早发觉于五年之前，太子不悛，又日日在防范之内，废太子之祸，固已迫在眉睫矣。”

圣祖此时尚在塞上，他本来想回京告祭奉先殿后再行废黜，正因“迫在眉睫”，便在返京途中，驻布尔哈苏台时，即召集诸王、大臣、侍卫等于行宫前。皇太子跪在地上，圣祖垂泪宣布皇太子种种罪状，最后说：“似此不孝不仁，太祖、太宗、世祖所缔造，朕所治平之天下，断不可付此人！”（见《清史稿》）谕毕，圣祖不觉痛哭仆地，由诸大臣扶起。就在这一刹那间，人性的闪光在这位五十五岁的皇帝身上一掠而过。

接着，圣祖便将允礽拘禁，命允禔监视，又诛索额图的两个儿子格尔芬、阿尔吉善及允礽亲信四人，其罪稍轻者遣戍盛京（今辽宁沈阳）。这一事件所牵连者只几个旗下无名人员。事后，圣祖又谆谆晓谕，应该法办的已经法办了，事情已经了结，“余众不更推求，嗣后虽有人首告，朕亦不问，毋复疑惧。”

圣祖之所以这样恳切宽慰臣下，也因这时各地变乱仍在起伏中，故而内部更须力求安稳，这里可以举朱三太子案为例。

康熙四十七年（1708年）四月，山东巡抚赵世显拿获朱三太子父子，上谕解往浙江，交与奉差专办此案的户部侍郎穆丹。这个朱三太子叫朱慈焕，他在排行中实是第四，明代封定王。真正的明思宗的太子，已于顺治年间被杀，清廷还说这是歹人假冒，故应处死。到了康熙年间，“朱三太子”便成为怀念明裔的一种公名，但朱慈焕本人实未参预过反清活动。

明室亡时，朱慈焕才九岁，仓皇出逃，流离颠沛。十三岁到了凤阳，遇一姓王的老乡绅，曾任明朝谏官，细询根由，执手悲泣，乃留在王家，姓亦改“王”，其情景仿佛杜甫《哀王孙》中所描写的。

王乡绅病故后，朱慈焕乃至一佛寺中削发为僧，偷生度日。后又往浙中，结识了一个姓胡的余姚人，亦明时官员后裔，两人谈经论文，胡颇钦佩朱慈焕的才学，劝他还俗，并将女儿嫁给他。

康熙四十四年（1705年），朱慈焕在宁波结识秀才张月怀，后来别人亦称他张老先生。不久，朱慈焕见张月怀行事不安分，便带家眷避居湖州长兴县。后风声吃紧，宁波、镇海都“一步一步挨查”。此时朱慈焕已有子孙，闻得事发，妻女六人，都先上吊自尽，三子一孙，被捕收监。朱慈焕躲避流亡。康熙四十七年，官府于谋反首领张念一口供中，得悉朱慈焕行踪，遂在山东被捕，押解京师受审，这时他已经七十五岁了。

当朱慈焕经浙江遭审问时，官府问他：“朝廷待汝不薄，何为谋反呢？”慈焕答道，数十年来，改易姓名，只是为了避祸。清廷有三大恩于前朝，吾感戴不忘，何尝谋反？问他什么三大恩？答道：今上诛流贼，与我家报仇，一也。凡我先朝子孙，从不杀害，二也。朱家祖宗坟墓，今上躬行祭奠（指圣祖祭明孝陵），三也。“况吾今七十五岁，血气已衰，鬓发皆白，乃不作反于三藩叛乱之时，而反于清宁无事之日乎？”

朱慈焕的供辞，该是诚实可信的，可是清廷还是以“朱某虽无谋反之事，未尝无谋反之心”为罪名将他杀死。这种诛心之论，原是刀笔吏的惯技，在清代文字狱中，由诛心而诛身的，屡见不鲜。孟森评云：

“是为清开国以来数十年所危疑惊悚，必得而甘心之朱三太子，由此结束，身及子孙皆被杀，妻女儿妇先投缳以殉，未被拘获。”而当明思宗殉国时，先视后妃毙命，又手斩昭仁公主，而使太子二王出宫，各投外家，教以混迹民间，“岂料事隔六十余年，有子再为清室所戮，妇女义不受辱，与烈皇时用意同。明之帝室嫡裔，至此始斩。是亦烈皇殉社稷之遗意也”。孟森对顺治初之杀故明太子，认为当时天下未定，多尔衮用事，尚不足责。“至后六十余年，康熙中叶以后，乃又杀烈皇第四子慈焕，则太过矣。”①说得极为警辟。

朱慈焕于明室为帝子骨肉，于新朝则为种族上的残敌，清人自非斩草除根不可。清帝之祭明孝陵，并非有爱于亡明，实是笼络汉人的一种手段。圣祖诸子，于宫中是一父所生的手足至亲，于储位上则为势不两立的劲敌，允礽首次废黜之后，宫廷政变的火苗，实已在暗中迎风闪烁。朱三太子案与圣祖废太子案发生于同年，由此及彼，故附书之，或亦可供研讨清史者之玩味。

（原载《清代宫廷政变录》，香港中华书局1992年8月版）

① 详见孟森《明清史论著集刊》上册《明烈皇殉国后记》一文，文中引魏声龢《鸡林旧闻录》，记朱慈焕始末甚详。

东宫无主后的波澜

允礽被废，东宫无主，这自然引起那些有野心的皇子的欲望。圣祖已经看到这一点，所以有“诸阿哥（皇子）中，如有钻营谋为皇太子者，即国之贼，法断不容”（《圣祖实录》）的告诫。这口气算得严厉了，但皇太子就是未来的皇帝，在皇权高于一切的时代，谁不想取而代之呢？

这里先说允禔。

允禔是皇长子，人也能征惯战，只因庶出，不能进东宫。但对决意争夺储位者，这一界线随时可以超越。

允礽被拘禁后，圣祖曾命允禔前往监守，但圣祖同时明白宣示：“朕前命直郡王允禔善护朕躬，并无欲立允禔为皇太子之意。允禔秉性躁急愚顽，岂可立为皇太子？”圣祖为什么要说这些话呢？不正说明允禔的跃跃欲试的图谋，外间已在传播，而为圣祖所察知吗？圣祖废太子后，未必不有懊悔之意，所以不愿在短时期内再立其他人为太子。

允礽被废不久，圣祖又下了一道内容离奇的谕旨给内大臣等：“近观允礽行事，与人大有不同，昼多沉睡，饮酒数十巨觥不醉。每对越神明，则惊惧不能成礼，遇阴雨雷电，则畏沮不知所措。居处失常，语言颠倒，竟类狂易之疾，似有鬼物凭之者。”从现代医学上来说，允礽遭到这样严酷的打击，因而精神错乱，也是很普通的事情。事实上却并非如此。

几天后，圣祖又召集王公大臣于午门宣谕，先说几句允礽的优点，“且其骑射言词文学，无不及人之处”，接下来说：“今忽为鬼魅所凭，蔽其本性，忽起忽坐，言动失常，时见鬼魅，不安寝处，屡迁其居。”从词意看，圣祖本人也相信鬼魅在侵扰允礽，甚至将允礽过去逼近幔城、裂缝窥伺的行为，也说成是鬼物在作祟。等于说，这罪行应当由鬼魅来承当。第二天又谕告诸皇子：“拘禁允礽时，允禔奏，允礽所行卑污，大失人心，相面人张明德曾相允禩，后必大贵。今欲诛允礽，不必出自皇父之手。”这是在挑动圣祖杀死允礽。圣祖大为震怒，将允禔痛骂一通，说他是天理国法所不容的乱臣贼子，并将张明德斩首。

最后，允礽发生狂疾的原因被查出来了，原来是允禔用蒙古喇嘛暗中诅咒，以术镇压。允禔为此而被囚禁于自己府第中，命十七人轮流看守。如有疏忽，看守之人将遭族诛。

告发允禔陷害允礽的人是允祉。他是皇三子，懂得天文、音乐和算法，很受圣祖器重。平日和允礽很亲近，但非允礽之党，也非允禔的宿敌，在这个关头，他却给废太子的前程带来一线光明。

允礽随即被圣祖召见，对他的“狂疾”，圣祖有这样意味深长的话：“朕竭力调治，果蒙天佑，狂疾顿除，不违朕命，不报旧仇，尽去其奢费虐众种种悖谬之事，改而为善，朕自另有裁夺。”说明圣祖对废太子还是有深情的。

废太子复立后（详见另篇），允祉进封诚亲王。允祉为人，深沉而工于心计。他告发允禔，也是投圣祖之所好。他很有才能，圣祖对他的爱重，不在胤禛（即世宗）之下，到他北京和热河园林中游宴就达十八次。康熙三十七年（1698 年），编修《古今图书汇编》（即后来的《古今图书集成》）时，总裁为陈梦雷，而由允祉主持其事，两人因此有深谊。

在争夺储位过程中，允祉是否有觊觎的意图，史册上尚无明文记载。但他是皇三子，又颇受圣祖的信重，胤禛当然要把他看作一个政敌。

胤禛登位后，对付他的兄弟采取几种不同的手段，如怡亲王允祥，对胤禛一向忠诚，所以极受优遇，死后胤禛亲临祭奠，上谕中有“自古无此公忠体国之贤王，朕待王亦宜在常例之外”语。圣祖诸子的名字，本来都以“胤”字开头，胤禛即位后，他的诸兄弟名字皆改“胤”为“允”。但允祥死后，将“允”恢复为“胤”，以示独特的哀荣。

还有让他们终养天年的，有看作死对头而严惩的，如允禩、允禟、允禵等。对允祉，则先从处分陈梦雷为开端。

陈梦雷早年因耿精忠谋反案而受株连，被遣戍关外，后被召还，入馆修书，成为允祉的助手。梦雷《蟹目袜》诗有云:“忆昔在辽左，鳏居少仆婢。天潢延作师，寒暑历三季。”可见他和允祉情谊之亲密。胤禛登位后，以梦雷本是逆案中人，圣祖从宽处理，将他安置在修书处，他却不思悔过，招摇无忌，因圣祖既宽恩在先，就不再加刑，但京师断不可留①，便将陈梦雷父子发遣黑龙江。对陈梦雷包庇疏纵的官员如刑部尚书陶赖等，都受到处分。

与此同时，世宗命允祉守护圣祖之墓景陵（在今河北遵化昌瑞山），将他逐出枢廷。但这只是第一步。

雍正二年（1724年），允祉儿子弘晟得罪，削去世子爵，降为闲散宗室。

雍正八年五月，世宗对允禩、允禟等主要政敌已经收拾完毕。同月，怡亲王允祥逝世，允祉后至。等到宣读谕旨时，众皆呜咽悲泣，允祉却早已回家。每日举哀之时，允祉全无伤悼之情。世宗乃命宗人府一批亲贵定议回报。经过审议，宗人府列举允祉诸大罪状，如对圣祖患病时，“毫无忧戚，且怀冀幸之意”，意思是允祉怀侥幸之心，想继承皇位，下面也说“(允祉）素日包藏祸心，希冀储位，与逆乱邪伪之陈梦雷亲昵密谋，遂将陈梦雷逆党周昌言私藏家内，妄造邪术”。综合其他事状来看，允祉是集不孝、妄乱、狂悖、欺罔等诸大罪行于一身的人。

---

① 此据王氏《东华录》。乾隆时萧奭著《永宪录》，作“上（指世宗）以梦雷系从逆之人，不便留诚亲王处”。意更明白。

宗人府主张将他父子立即正法，世宗却觉得“朕心有所不忍，姑从宽曲宥，革去亲王”，囚禁于景山永安亭。隔了两年，允祉就死了。

孟森《明清史讲义》下册，针对《上谕旗务议复》中世宗宣布的允祉罪状，加以评驳，且极为精确。如上谕说：“诚亲王允祉，自幼即为皇考之所厌贱，养育于外，年至六岁，尚不能言，每见皇考，辄惊怖啼哭。”以此而成为议罪的例证，实在是很可笑的。不知世宗在六岁时，见了他父亲，有没有“惊怖啼哭”的表现呢？

孟森最后说：“今所谓丧心蔑理，无过怡王之丧临哭不哀一款，其余皆任意诬蔑之辞。其实则陈梦雷、杨文言为所忌之人；《古今图书集成》、《历律渊源》二书为所忌之物。是为清皇室之文字狱。”因为陈、杨所修之书，能够替允祉博圣祖之欢心，而允祉又知世宗嗣位真相，辞色之间，既不竭诚输服，且将有发其隐覆之嫌，于是为世宗所狠忌。

邓之诚《清诗纪事初编》卷八《陈梦雷小传》云：“当储位未定，诸人妄臆诚亲王依次当立，欲趁其门，故交结梦雷，以至俱败。”这也不为无见。但允祉的实力太单薄，在茫茫政海中，不能起大风大浪的作用。

最不幸的是陈梦雷。耿精忠之变，授梦雷伪职，他打算与同年生李光地合进蜡丸报虚实，为两人保身家之计，光地却据为己功。事变平息后，光地擢学士，而梦雷以从逆论斩。梦雷刻行与李光地绝交书，责其欺君卖友，护短贪功。徐乾学、王掞皆为梦雷不平，乾学密为开脱，始得减死流放。后陈梦雷被召还至京，又因宫闱之争而重戍塞外。

（原载《清代宫廷政变录》，香港中华书局 1992 年 8 月版）

太子的再立与再废

皇太子允礽被废之后，储位形成真空，凡是有实力的皇子，不管嫡出庶出，都想做扑灯之蛾。他们自成集团，各结亲信，于是形成皇长子党（允禔）、皇四子党（胤禛）、皇八子党（允禩）。这时圣祖已经五十五岁，在古人已为垂暮之年。他的心境为此而烦闷消沉，“无日不流涕”，这也不难理解。而且允礽虽有过失，究非大恶，废黜之后，诸皇子结党营私，以骨肉而成为仇敌，为人父的，怎不痛心？诸党之中，以允禩一伙最为强横[①]，圣祖上谕曾说：“八阿哥到处妄博虚名，凡朕所宽宥及所施恩泽处，俱归功于己。人皆称之，朕何为者？是又出一皇太子矣。”后来便将允禩锁拿，交与议政处审理，革去贝勒爵位。

据《圣祖实录》，圣祖曾对几个亲贵说：“近日有皇太子事，梦中见太皇太后（圣祖祖母）颜色殊不乐，但隔远默坐，与平时不同，皇后亦以皇太子被冤见梦。”如果说，这段记载是可信的话，那就说明，圣祖平日对废太子一事，常在懊悔。而太皇太后和皇后，又是他所敬爱的人，因而会有这种梦境，如俗语说的“日有所思，夜有所梦”。圣祖为什么要将梦境告诉近臣，用意自然十分明白。

后来，圣祖又对诸大臣说：“朕进京前一日，大风旋绕驾前，朕详思其故，皇太子前因魔魅，以至本性汩没耳。因召至左右，加意调治，

① 禩，“祀”字的古文。

今已痊矣。”诸臣便答说，废皇太子病源已得治疗，实为国家之福，请皇上立即作出决断，颁示谕旨。说罢，随即退出。

过了一会，圣祖又召诸臣进去，问道：“群臣皆合一否？”诸臣回答道：“臣等无不同心。”圣祖说：“尔等既同一心，可将此御笔朱书，对众宣读，咸使闻知。”谕旨的大意是：从前拘禁允礽，未曾谋之于人，每念前事，不安于心。经过体察，允礽的过失有的是符合实情的，有的全无风影，他的病也已逐渐痊愈，故令护视，“仍时加训诲，俾不离朕躬。今朕且不遽立允礽为皇太子，但令尔诸大臣知之而已。允礽断不报仇怨，朕可以力保之也。”

第二天，圣祖又召见允礽和诸大臣，告谕说：允礽本来为朝臣称颂，后来听信匪人之言变坏了。现在看来，他虽有打伤人事，并未致人于死，亦未干预朝政。他的打人等事，皆由允禔魇魅所致，允禔还想谋害允礽，所以将允礽由上驷院搬到咸安宫。后来圣祖又单独告诫允礽，绝对不可怀念旧恨宿仇，如果有人为了讨好你，为你称冤，你就马上将他捉拿，向我奏报。不过，圣祖对允礽，只是说释放，并未明示复立。

这段记载富于戏剧色彩，也表现出圣祖的手腕和苦心。他问诸大臣是否同心，说明诸大臣对允礽的态度并不一致，这也在估计之中。当时诸皇子朋党林立，对允礽自然有亲有疏，圣祖问到他们，只好说“臣等无不同心”。其次，圣祖对允礽再三申诫，获释以后，决不可报复寻仇。报复是一种心理发泄，在民间已是家常便饭，何况是帝王家的子弟。这一点，是最使圣祖担心的。

允礽原不是好惹的，从当初被废黜而遭拘禁时的情绪看，他就并不服帖。

故宫博物院《文献丛编》第三辑，记圣祖废太子后，将“告天文”命允禔等给允礽看，其中有这样的一段话：

二阿哥（允礽）说：“我的皇太子是皇父给的，皇父要废就废，免了告天罢。”大阿哥（允禔）将此语启奏时，圣祖说：“他的话都不成话。做皇帝的受天之命，岂有这样大事可以不告得的么？以后他的话，你们不必来奏。”大阿哥将此旨意传与二阿哥，二阿哥又说：“皇父若说我别样的不是，事事都有，只是弑逆的事，我实无此心，须代我奏明。”大阿哥说：“旨意不叫奏，谁敢再奏？”大阿哥辞色甚不好。

后来由于九阿哥允禟觉得此事关系甚大，便向圣祖奏告，很受圣祖称赞：“九阿哥说的是，便担了不是也该替他奏一奏。”允礽起先说的话很放肆，可见他的不服气，但后面说的却是实情。所谓弑逆之事，即指允礽在塞外窥视布城事，其实也是允禔故作危言。后来允礽师傅李光地便对圣祖说：“帐殿之警，上果稔其主名必无刺谬乎？”圣祖默然，后乃云：“此直为鬼物所戏耳，何丧心至是？”光地又说：“臣幸荷爵禄，鬼物犹不敢干犯，况天潢之胄乎？”他直率指出，允礽的过错，在于居尊荣的地位而养成性格上骄傲放肆缘故，改过的办法则在清心寡欲（李清植《李文贞公年谱》）。这倒分析得合情合理。

康熙四十八年（1708 年）三月，废太子允礽复立。复立的原因，一是藉此稳定内部，消除各皇子之间的倾轧纷争，所以诸子中有的晋封亲王，有的晋封郡王。二是太子党中最起作用，而又对圣祖的君权威胁最大的是索额图，而这时索额图已被处死。

康熙五十年（1710 年）十月，圣祖发觉诸大臣为太子结党会饮，其中有步军统领托合齐，尚书耿额、齐世武等。后来又查悉齐世武、托合齐在别的事件上受贿二三千两。因而他们被处以绞监候的重刑。上谕说：“诸事皆因允礽。允礽不仁不孝，徒以言语货财嘱此辈贪得谄媚之人，潜通消息，尤无耻之甚。”这话很抽象含混，受贿二三千两，在当时官场中极为平常。太子和几个大臣同饮，也不能说是结党。审讯时诸人都齐口否认，有的只说彼此“延请”过。

但透过现象看实质，太子企图重新结纳亲信，扩张势力的欲望也是存在的。这时他已经三十五岁，而其他几个皇子的声势仍很显赫，他怎么不担心会重出变故呢？外间就已有“东宫虽复，将来恐也难定”的话，这话并非无的放矢。朝鲜《李朝实录·肃宗朝》卷五十四，记太子曾出怨言:“古今天下，岂有四十年太子乎?”他急不可待的心理活动，不难于此二语中窥视。朝鲜会知道，诸皇子岂会不听到?藉此而中伤太子，正是大好的把柄。说到底，太子就是想赶快即位做皇帝。

其次，为圣祖所处分的步军统领托合齐，是太子乳母丈夫凌普的朋友，曾任内务府总管，凌普的贪横弄权为圣祖所深知。步军统领即九门提督，正一品，等于后来的京区卫戍司令兼警察署长，如果他成为太子的死党，圣祖就难以驾驭。当初索额图担任的领侍卫内大臣，也是正一品，是手握大权的要职[①]。现在去了索额图，来了托合齐，也使圣祖放心不下。于是至康熙五十一年（1712年）十月，圣祖又将皇太子允礽黜废，禁锢咸安宫。从此，圣祖就不想再立太子，其间虽命大学士、九卿等裁定太子仪仗，终未使用。

康熙五十四年（1715年），允礽的福晋石氏患病，有一个叫贺孟頫的医师来为她治病。允礽用矾水写字，嘱贺带信给正红旗都统普奇，要普奇保举允礽为大将军。后被宗人府发觉，贺孟頫、普奇皆获罪。

雍正元年（1723年），世宗下诏将允礽移居昌平郑家庄。雍正二年冬，允礽病逝，世宗追封其为和硕理亲王。

允礽的再废，发动者为圣祖，故也可谓防止政变的政变。如不废，允礽父子之间，兄弟之间的纠纷必将愈演愈烈。

（原载《清代宫廷政变录》，香港中华书局1992年8月版）

---

① 清制，武职之正一品官与文职之大学士相当者，即为领侍卫内大臣，掌统领侍卫亲军。

世宗登位之谜

清世宗胤禛，圣祖第四子，母乌雅氏，初封德妃。现在北京安定门内的雍和宫，就是他为皇子时所居的王府，后来称为“潜邸”。乾隆时改为喇嘛寺，今为全国重点文物保护单位。因为雍和宫中有“欢喜佛”，所以也引起游览北京的游客的兴趣。

清代皇帝入承大统，最为后人怀疑和议论的，莫过于世宗，颇似宋初“烛影斧声”的疑案。直到现在，还成为有争议的宫闱隐秘。主要可分为两派，一派认为世宗是用阴谋篡夺的，圣祖生前并不想把帝位传于四阿哥；另一派则相反，认为世宗继位并非篡夺，是圣祖生前既定事实。

先说一说圣祖从得病至逝世的一段过程。

康熙六十一年（1722 年）十月二十一日，圣祖往南苑打猎。南苑又名南海子，在北京永定门外。十一月初七，因患感冒，圣祖返回西直门外畅春园（地名为海淀，属宛平县）。初九那天，他因自己有病，命世宗代行南郊冬至祭天大礼。初十至十二日，世宗每天遣护卫及太监至畅春园问安，均传谕“朕体稍愈”。至十三日病情恶化，圣祖召世宗从斋所速回①，接着又召皇三子允祉、皇七子允祐、皇八子允禩、皇九子允禟、皇十子允䄉、皇十二子允祹、皇十三子允祥（皇十四子允禵这时出

① 皇帝祭天时居住的地方。

征在外)、理藩院尚书、步军统领隆科多至御榻前，谕曰:“皇四子人品贵重，深肖朕躬，必能克承大统，著继朕即皇帝位。”这是载于《大义觉迷录》中世宗自己说的话。至十一月十三日戌刻（十九点至二十一点)，圣祖卒于畅春园，年六十九，后人也有称为“暴卒”的。

又据《大义觉迷录》所记，世宗从斋所赶到时，圣祖只说“症候日增之故”，并没有说到嗣位问题。等到圣祖瞑目后，才由隆科多告诉他，而隆科多并非圣祖信悦之人，故史家称隆科多为“口衔天宪”。

隆科多口传遗诏之后，允禩、允禟的反应又怎样呢？

据《大义觉迷录》载:“夫以朕兄弟之中，如阿其那、塞思黑等，久蓄邪谋，希冀储位，当兹授受之际，伊等若非亲承皇考付朕鸿基之遗诏，安肯贴无一语，俯首臣伏于朕之前乎？”

这是说，允禩、允禟对世宗的嗣位是很服帖的。可是就在这一卷中，却有这样的记载：“皇考升遐之日，朕在哀痛之时，塞思黑突至朕前，箕踞对坐，傲慢无礼，其意大不可测。若非朕镇定隐忍，必至激成事端。”

又据《世宗实录》载:“圣祖仁皇帝宾天时，阿其那并不哀戚，乃于院外倚柱，独立凝思，派办事务，全然不理，亦不回答，其怨愤可知。”

这两段记载，我倒觉得真实可信。阿其那、塞思黑的“贴无一语”，并非出于真心，是被迫的。“箕踞对坐，傲慢无礼”及院外凝思云云，虽有文字上的做作饰染之处，却还是让我们窥见了真实而自然的内心反射，在他们其实是统一的。有的学者推测，这遗诏是假的，固然可备一说，但即使不假，仍有可供我们玩索余地。这时圣祖病情，至少已到半昏迷状态，已无自主能力，尽可由隆科多上下其手，予取予求。他可能表示过可由世宗嗣位，但是否出于他本人自主性的意志呢？

今天在研讨世宗嗣位这一疑案时，最令人为难的，就是我们看到的资料，如《清实录》之类，都是官方文件。世宗在这一疑案中，既是被告又是原告，不管将他放在哪个位置上，如果单看官方文件，都是对他有利的。作为被告，我们无法提出信而有征的强有力证据，证明他是篡夺的；作为原告，他却说得理直气壮，有凭有据。

所以，我们只能旁敲侧击地从某些夹缝中窥测若干迹象，实在也是怪可怜的。

萧奭《永宪录》卷一中有这样一段记载：

> 上晏驾后，内侍仍扶御銮舆入大内。相传隆科多先护皇四子雍亲王回朝哭迎，身守阙下，诸王非传令旨不得进。次日至庚子，九门皆未启。又，上大渐，以所带念珠授雍亲王，余详后《觉迷》上谕。

一般史书上用“相传”二字，表示不一定是事实。传位、嗣位都是头等大事情，萧奭为什么要用这两个字呢？隆科多先护皇四子回朝，如果是事实，就不应用“相传”；如果不是事实，只是传说，为什么偏要写上呢？从甲午至庚子是七天，九门都未开启。清代京师的九门，指外城的正阳、崇文、宣武等九个城门，而隆科多这时正担任提督九门步军统领。圣祖卒于十一月十三日，世宗至二十日辛丑才始正式即位，那么，“非传令旨”的“令旨”到底指谁？当然指世宗。怎么未即位就可传令旨了呢？萧奭在上文中明明写着“皇四子雍亲王”。而字里行间，又写得那么紧张诡秘。不管世宗的皇位是否得之于篡夺，但从萧氏的这段短短记载中，谁都会体会到，一场宫廷政变正在展开，或者说，已将结束了。

萧奭是乾隆朝人，在序中自称“草泽臣”，对世宗的承统极口谀扬，说是光明正大，而愚氓浮议，全由“一二奸顽造作无稽，以污人圣德”，这些都是门面话，当时不容你不说。邓之诚跋文中很推崇此书，还说:“永宪者，永其（指世宗）恶也。”这可能是附会，但亦见世宗登位的“浮议”，直到乾隆朝时，还是在传播着。

《永宪录》又记:“又上大渐，以所带念珠授雍亲王。”意味着圣祖欲将皇位授予雍亲王。“大渐”指病至弥留状态，这时圣祖的神志是否这样清醒呢？果真如此，他为什么不对雍亲王明白宣告即位之事，何必等到隆科多来转达呢？世宗自己曾说："隆科多乃述皇考遗诏，朕闻之惊恸，昏仆于地。"这就是说，他是出于意外的，如果确有授念珠之事，那么，心中早已有数了。

朝鲜《李朝实录·景宗实录》也记圣祖病剧时，"解脱其头项所带念珠与胤禛，曰：此乃顺治皇帝临终时赠朕之物，今我赠尔，有意存焉，尔其知之"。更加说得神乎其神，把圣祖说得像健康人一样，连六十年前顺治皇帝给他念珠的事情也记得。这是很难使人相信的。而这种传奇性的传说，当是世宗的亲信编造，然后由中国传至朝鲜。

另一方面，我们对于有些传说，也不能轻易相信，如《大义觉迷录》所载："圣祖皇帝在畅春园病重，皇上（指世宗）就进一碗人参汤，不知如何，圣祖皇帝就崩了驾，皇上就登了位。"那是说，圣祖是被世宗毒死的，后世因而有谋父之说。

圣祖得病于十一月初七，逝世于十三日，固然死得仓猝，但这发生在六十九岁的老人，也并非特别希罕之事，如心脏病之类。圣祖病情的日益严重，是世宗所看到的，而当时京师地区，已为隆科多所控制，世宗对于皇位的获取，原是很有把握，何必冒这样大的风险呢？这样做反而对他不利。以世宗的精明机智，岂有不考虑之理？世宗入承大统的疑点固然很多，但谋父之说，显然是政敌捏造的诬陷之词。《论语·子张》记子贡之言曰："纣之不善，不如是之甚也，是以君子恶居下流，天下之恶皆归焉。"这话是很有道理的。

（原载《清代宫廷政变录》，香港中华书局1992年8月版）

十四子与四子的公案

和谋父之说同样不可信的，还有一件十四子与四子的公案。

世宗有一个同母弟允禵（即胤祯），生于康熙二十七年（1688年），比世宗小十岁，在圣祖诸子中的排行为第十四。允禵初封贝子，为宗室封爵的第四级。

允禟（塞思黑）对允禵很钦重，说他聪明绝顶，“才德双全，我兄弟内皆不如”（《大义觉迷录》）。但他不是允禩、允禟一党。

允禵对储位的争夺也是很迫切的，如广泛联络汉族士大夫，当时曾有“十四爷虚贤下士”的说法。

康熙五十六年（1717年），蒙古准噶尔部进犯西藏，清军于作战中颇受挫折。次年十月，圣祖任命允禵为抚远大将军率兵出征，并由贝子超授王爵，这是破格的待遇。但究竟封什么王，不详，允禵奏疏中只自称“大将军王”。出师前夕，圣祖亲至堂子行礼[①]。出师之日，胤禵乘马出天安门，诸王大臣皆往德胜门军营送行。圣祖命胤禵用正黄旗旗纛，照依王纛式样。随同出征的，有“内廷三阿哥”，都是圣祖孙子辈，还有郡王、亲王数人。

准噶尔部的屡屡侵攻，为清初西北一大边患，所以圣祖对这次用兵非常重视，也说明他对允禵的倚重。

---

① 堂子，清代祭天之所，在旧北京长安左门外。

康熙五十九年（1720年）冬，定西将军噶尔弼部进入拉萨，安定了西藏局势，清军护送达赖六世至拉萨。圣祖命立碑纪念，由阿布兰撰文。世宗即位后，说碑文“并不颂扬皇考，惟称赞大将军允禵”（《清世宗实录》），乃将碑毁掉，改撰新文。

康熙六十年（1721年）冬，圣祖命允禵回京，面授用兵方略。允禵到京城时，圣祖命允祉、胤禛率领内大臣郊迎。次年夏，允禵又辞赴军前。

胤禵第一次离京前，曾对允禟说：“皇父年高，好好歹歹，你须时常给我信息”，又说：“若圣祖皇帝但有欠安，就早早带一个信。”允禵为什么这样关心他父亲的健康呢？从“皇父年高”这句话上，已可洞悉他的心事了。允禵回京述职，允禟深恐圣祖不再让他至军中立功，曾说：“皇父明是不让十四阿哥成功，恐怕成功之后，难于安顿他。”这又说明，在允禟辈心目中，是把允禵的出师看作夺取储位的一个有利条件。

不但如此，允禵在西北时，有个算命的临洮人张恺，因知允禵喜欢奉承，便说：“这命是元（玄）武当权，贵不可言，将来定有九五之尊，运气到三十九岁就大贵了。”[①]允禵这时是三十二岁，听了大为高兴，赏他许多银子。

世宗即位，允禵的愿望落空，自然极为愤妒，世宗乃召他急速回京。至京后，便命允禵留在圣祖景陵等待大祭，实际是软禁。

《大义觉迷录》中有这样一段话：

> 夫允禵平日素为圣祖皇帝所轻贱，从未有一嘉予之语，曾有向太后（指世宗、胤禵之母）闲论之旨：“汝之小儿子，即与汝之大儿子当护卫使令，彼亦不要。”此太后宫内人所共知者。圣祖皇考之鄙贱允禵也如此，而逆党乃云圣意欲传大位于允禵，独不思皇考春秋已高，岂有将欲传大位之人，令其在边远数千里外之理？虽天下至愚之人，

① 以上引语，均见《文献丛编》第一辑《允禩允禟案》。

亦必知无是事实。只因西陲用兵，圣祖皇考之意，欲以皇子虚名坐镇，知允禵在京毫无用处，况秉性愚悍，素不安静，实借此驱远之意也。……今乃云皇考欲传位于允禵，隆科多更改遗诏，传位于朕。

允禵对帝位有野心，这是事实。圣祖任命他为抚远大将军，是否暗示有传位的意图，却是一个疑问。但世宗说允禵一向是圣祖鄙贱之人，命他远征西北，“实借此驱远之意也”，也是不足一驳的欺人之谈。当时西北战局非常吃紧，胜败未可逆料，以圣祖的明智，怎么会任命一个素所鄙贱厌恶之人去掌要塞的大权？当真要驱远允禵，何必到那么遥远，那么重要的地方呢？如果按照世宗的逻辑，那么，圣祖得病时，命世宗代行祭天之礼，岂非也是有意要疏离世宗吗？

《大义觉迷录》中所记圣祖的“汝之小儿子”三句话，可能是真实的。但我们要知道，圣祖和孝恭皇后乌雅氏（世宗母）之间原是夫妻关系，何况又是夫妻的闲谈。圣祖原话的上下文已不可知，很可能是断章取义。也许是对胤禵有气时说的，也许含有玩笑性。圣祖在和孝恭后谈到世宗时，又怎知不会说类似的话呢？《大义觉迷录》作于世宗登位之后，却连这种琐屑浅俗的话也一本正经地引录进去，以此证明允禵人品的低劣，未免太幼稚可笑了。

《大义觉迷录》又云：“朕曾奏请皇太后召见允禵，太后谕云，我只知皇帝是我亲子，允禵不过与众阿哥一般耳，未有与我分外更亲处也。不允。朕又请可令允禵同诸兄弟入见否？太后方谕允。诸兄弟同允禵进见时，皇太后并未向允禵分外一语也。”孟森《清世宗入承大统考实》云：“且母后所生两子，何故自分轩轾如此，亦太远于人情。”固然也有道理。我却以为，这时太后自然已知道两子之间仇恨很深，为了不使已为国君的那个儿子猜忌，所以起先不肯单独见面，后来见了面也不能多说一句。这正是宫闱斗争造成的骨肉之间的悲剧，出于帝王之家，于是成为一种史料了。

此外，世宗说的隆科多更改遗诏一事，可见当时宫中也在传说，并非只是野人流言。所谓更改遗诏，是说圣祖原诏为“传位十四子”(即允禵)，隆科多乃改成“传位于四子”（即世宗)。但这绝不可能。

一、这必须以当初圣祖遗诏用汉文为前提才能成立。但清代对这类大事，例必又用满文，清人称为“国书”，那么，这又怎样改写呢?

二、退一步说，即使只用汉文，也不可能。清代书写皇子的排行，第一字皆冠以“皇”字，则允禵（即胤祯）应为“皇十四子胤祯”，又怎么能改成“皇于四子胤禛”呢?作为介词的于、於，古代虽通用，清代已偏用“於”，而“祯”改为“禛”也很困难。

正因于、於两字曾经通用，而祯与禛又形近音同，因而有这个异想天开的谣传。最初编造的人，倒是有些小聪明。

雍正四年（1726年)，诸王大臣劾奏允禵，请正国法。世宗以为允禵只是“糊涂狂妄”，和允禩、允禟的奸诈阴险相去甚远，故而只将他禁锢于寿皇殿左右，“宽以岁月，待其改悔”。至高宗即位，即将他释放。乾隆十三年（1748年)，进封恂郡王。

政敌之间两方面的话，总是有偏见有怨气，最好是一句就能骂倒。岁月如流，世宗时代离开我们已经二百多年了。对这些公案的评论，我们唯有力求客观公允，接近历史的实况，虽然这也很难做到。

（原载《清代宫廷政变录》，香港中华书局1992年8月版)

允禩的下场

在争夺储位的诸皇子中，以八阿哥允禩一党声势最为盛大。除了皇子允禔、允禟、允䄉等外，满大臣有佟国维、马齐、鄂伦岱、揆叙等，汉大臣有王鸿绪等。使我们感兴趣的是，拥立世宗最力的是隆科多，而隆科多却是佟国维的儿子，鄂伦岱又是佟国维的侄子。可见满大臣中，父子亦各自一派，而允禩又很有笼络能力。圣祖在日，上谕中也说："乃若八阿哥之为人，诸臣奏称其贤。裕亲王（圣祖之兄）存日，亦曾奏言：八阿哥心性好，不务矜夸。"允礽第一次废黜后，允禩便妄自尊大，以东宫自居，后来更广结党羽，收纳九流术士，藏于家中的密室，因而引起圣祖的憎恶。圣祖晚年甚至说过"朕与允禩父子之恩绝矣"的话，又说："此人之险，实百倍于二阿哥（允礽）也。"这是圣祖鉴于允礽的覆辙，欲以此堵绝允禩的幸进之路。

虽然如此，在圣祖病危时，仍将允禩、允禟等诸皇子召来，同受末命（帝王的遗嘱）。

世宗即位，立即命令允禩、允祥（世宗党羽）、马齐、隆科多四人总理事务，后又封允禩为亲王。按照孟森的说法，夺嫡之谋，实出于允禩，与世宗无涉。世宗之登位，实是坐收鹬蚌相争的渔翁之利，"《清史稿·允禩传》于雍正初插入数语云：'皇太子允礽之废也，允禩谋继立，世宗深憾之，允禩亦知世宗憾之深也，居常怏怏。'以此领起下文渐渐得罪。此实望文生义……盖雍正间之戮辱诸弟，与康熙间夺嫡案，事

不相关”。（《明清史讲义》下册）

我觉得世宗封允禩为亲王，还是一种权术，因为世宗知道自己的皇位并非通过正常途径而取得，这时刚刚即位，脚跟没有站稳，不能树敌过多。但在当初允禩积极策划夺嫡过程中，世宗看在眼里，难道心如古井吗？世宗自我衡量，何尝不具备皇太子条件？允禩之母出身微贱，世宗就要比他优越。所以《清史稿》这样叙述，倒是很得要领，符合他们心理发展的过程。

世宗登位，对诸兄弟便有君臣之分。如果这时允禩能够驯顺效忠，甘心臣服，那么，世宗或许还能放过他。其登极后颁诏大赦有云：“朕之昆弟子侄甚多，惟思一体相关，敦睦罔替，共享升平之福，永图磐石之安。”这话也是半虚半实，并非纯然是门面话。

可是允禩并不是驯顺效忠的人。一个野心如此膨胀的人，怎么会就此服帖呢？当允禩封亲王时，他却向致贺者说：“何喜之有，不知死在何日？”《永宪录》亦云：“其封王时，妻家为伊贺喜，乃云我头不知落于何时？”说明允禩对自己未来的命运已有充分的估计，同时也流露出他对世宗的敌对情绪。允禩是失败者，他对胜利者有这种情绪，也是很自然的逻辑，恰好又碰上世宗这样一个阴鸷的皇帝。当世宗即位后，允禩之党允䄉（圣祖第十子）在张家口，私行禳祷，疏文内连书“雍正新君”，这话也不算悖逆。世宗知道后，便斥为不敬，兵部随即劾奏。这时允禩尚未受处分，世宗便命允禩议其罪，乃夺允䄉王爵，押至京师拘禁。世宗所以命允禩议允䄉之罪，正是杀鸡给猴看。

雍正二年（1724年），上谕中即斥允禩素行狡诈，怀挟私心，“凡事欲激朕怒以治其罪，加朕以不令之名”。又说：“每事烦扰朕之心思，阻挠朕之政事，惑乱众心，专欲激朕杀人。”世宗这些话，一半是伏笔，一半也是事实。当时允禩等人的言行，自必有使世宗难堪之处。圣祖在畅春园病重时，允禩等都在场，即使圣祖果真属意于世宗的承统，但其中也定有复杂曲折的细节。允禩只要将其中那些隐私向外张扬渲染，对世宗自然大为不利，用世宗的话来说，便是“专欲激朕杀人”了。

宗人府为此主张削夺允禩爵位，但世宗还是隐忍着。

雍正三年（1725 年），世宗召集王大臣等，先谕示允禩、允禟等人的罪状，但因他居心“宽大”，务欲保全骨肉。阿灵阿、鄂伦岱二人原系允禩等人的党首，罪恶至重，因为是国戚，从宽发往奉天。这是一个信号。

雍正四年（1726 年）正月，世宗在西暖阁，召诸王大臣宣布允禩、允禟罪状。大意是：三年以来，宗人府及诸大臣劾奏允禩、允禟的极为繁多，世宗百端容忍。圣祖在世时，允禩竟将圣祖御批烧毁，外间还有“十月作乱，八佛被囚，军民怨新主”的谣言，并在各处张贴妖言，“内云灾祸下降，不信者即被瘟疫吐血而死等语”，这些显然是允禩等人捏造出来的。谕中又有这样的话：“及看守之日，向太监云，我向来每餐止饭一碗，今加二碗，我所断不愿全尸，必见杀而后已。”（见《永宪录》）可见这时允禩已被拘禁，他自己知道不可能“全尸”而终。

最后，上谕以允禩断不可再留于宗室之内，革去他的黄带子，改为民王。后又削去王爵，交宗人府圈禁高墙[①]。宗人府请更名编入佐领，允禩改名阿其那，允禩子弘旺改菩萨保。允禩之妻也被革去福晋尊号，逐还外家，另给屋数间居住，严加看守。

允禩妻的母亲是安郡王岳乐之女，允禩妻本人又很专横。据秦道然口供，允禩“府中之事，俱是福金（即福晋）做主，允禩实为福金所制”。[②]这也是其为世宗所斥逐的原因。

九月，允禩患呕吐，不久卒于戍所。诸王大臣仍请戮尸，世宗不许。

据《永宪录》，塞思黑允禟死于保定，可能是李绂害死（详见下篇）。大约在十天后，允禩也死了，前人已猜测非良死。

世宗登位后，所以不急于收拾允禩、允禟，原是想把他们的罪状

① 据《永宪录》，圈禁分数种，“有以地圈者，高墙固之。有以屋圈者，一室之外，不能移步。有坐圈者，接膝而坐，莫能举足。有立圈者，四围并肩而立，更番迭换，罪人居中，不数日委顿不支矣。”允禩所处者属第一种。

② 见《文献丛编》第一辑。

逐渐暴露，使臣民知道两人罪有应得，而使自己不负杀弟之名。上谕中即说:“但伊等种种恶逆，中外及八旗军民人等尚未遍知，故将此辈奸恶不忠不孝大罪备悉言之，使知此辈正法亦属当然，即朕姑留之，亦不过数名死人耳。尔等谨记此旨，录出传与京城内外八旗军民人等一体知之。”（《永宪录》）世宗的用心正可于此见之。

这是允禩、允禟还活着时说的。雍正五年（1727 年）四月，世宗又说:“朕只论阿其那、塞思黑有可诛之罪，有必当诛之理，而断不避诛阿其那、塞思黑之名也。”这时距允禩、允禟之死已一年余，而世宗还在算旧账，可见对二人仇恨之深，与世宗本人胸襟的狭窄了。

乾隆四十三年（1778 年）正月，高宗谕云，就允禩、允禟心术而论，觊觎窥窃，诚所不免，及皇考绍登大宝，怨尤诽谤，亦情事所有(都说得十分婉转)，特未有显然悖逆之迹，皇考晚年意颇悔之。“朕今临御四十三年矣，此事重大，朕若不言，后世子孙无敢言者。允禩、允禟仍复原名，收入玉牒，子孙一并叙入。”可见高宗对他父亲当日骨肉相残的举措，亦未必赞同，“朕若不言，后世子孙无敢言者”二语尤为恳切，这样的大事，除了皇帝，谁敢说一声呢？

（原载《清代宫廷政变录》，香港中华书局 1992 年 8 月版）

允禟的下场

允禟，圣祖第九子，封贝子，母宜妃郭络罗氏。允禟并不想夺储位，只想过奢靡淫逸的大少爷生活，根据《文献丛编》第一辑穆景（经）远①、秦道然②等供词，及王氏《东华录》，我们略可窥见这位九皇子的流品和性格。

他是一个无才无识、糊涂不堪，图受用，好酒色的人。允禩也晓得允禟是庸才。允禟曾向秦道然说：当日妃娘娘怀娠之日，病中似梦非梦，见正武菩萨赐以红饼，状如日轮，一吃就病愈胎安。又说他幼时耳患疮毒，已经昏迷，忽闻大响一声，见殿梁间全甲神围满，病就好了，“这俱像是我的瑞兆”，他却“心甚淡”。

太后生病时，穆景远听得允禟眼皮往上动，说是得了痰火病③，穆看出不像真病，允禟说：“外面的人都说我合八爷、十四爷三个人里头，有一个立皇太子，大约在我的身上居多些。我不愿坐天下，所以我装了病，成了废人就罢了。”

圣祖对允禟、允禵只封贝子，允禟心怀怨恨，又假装疯痰。允禩病愈后，允禟还教他拿拐棍子，仍旧装病。从这些情节上，也可看出这位九皇子的素质了。

---

① 穆景（经）远，西洋人，与允禟很亲密，后与允禟一同发往西宁。

② 秦道然，曾在允禟家教书，后为此而下狱十余年。

③ 中医对痰疾的理解，范围很广泛，除呼吸系统外，还牵及神经系统，如所谓痰迷心窍。

这人又贪财好色，曾与手下的心腹合谋，索诈永福银三十万两。又叫永寿之妻为干女儿，向永寿索取八万两。对河南知府李廷臣，连一百二十两都要。因而他拥有银四十余万两，田产房屋值三十余万两。他因此成为允禩等钱财上的靠山。允禵出兵时，允禟便送给他银三四万两。

允禟的心腹何玉柱第一次到江南，在苏州买一女子进给允禟。第二次到江南时，就带了十多个，说是扬州安二送允禟学戏的。更荒唐的，何玉柱竟假扮新郎，骗去良家女子。

不过，这在高层的八旗子弟中，也是普通的现象，何况是皇帝的儿子。由于允禟成为世宗的仇敌，这才成为罪名披露出来。

雍正元年（1723 年），世宗将允禟发往西宁（今属青海），允禟对穆景远说，越远越好。意思是，远了就任凭他做了。

世宗听闻允禟纵容家人在西宁骚扰生事，特遣都统楚宗前往约束。楚宗宣读圣旨时，允禟并未迎接跪听，只是安居卧室，还说："上责我皆是，我复何言？我行将出家离世！"同时，他又以金钱收买人心，所以地方上都称他九王爷。世宗乃行文陕西督抚，以后仍有称九王爷的，将从重治罪。

这时皇十子允䄉也已被拘禁在京师，家中曾被抄过，抄出了允禟一个帖子。允禟在家时，曾和允禵说定，彼此往来的帖子都要烧掉。他给允䄉的帖子，本来叮嘱看后就焚烧，可不知为何留下未烧毁，因而很抱怨允䄉。允禟在寄允䄉信中，曾有"事机已失"之语。

雍正四年（1726 年），又查出允禟的门下亲信毛太、佟保将编造字样的书信，缝于骡夫衣袜之内，寄往西宁，被九门捕役拿获（这说明允禟亲信们的行动已为当时治安人员控制）。而这些字迹又很怪异，有类西洋字，问问西洋人，却说不认识，简直是密码了。又问允禟之子弘晸，说是去年佟保来京时，寄来他父亲格子一张，令弘晸照样学习缮写。弘晸便向佟保学会，照样写信寄往西宁，世宗上谕中斥为"敌国奸细之行"。世宗又说："前朕见允禟诸子中，惟弘晸尚觉老实，故留京料理伊之家务，不料其诡谲亦如此。”弘旸写给允禟信中，还“称伊父之言为旨意”。在《清史稿·皇子世表》中，允禟名下的儿子仅列弘晸，并云“允禟第一子”，则弘旸于事后已被除名。

仅凭上述这些事迹，已可看出允禩一党对储位的争夺，处心积虑，蓄谋已久，而与世宗完全处于敌对地位。允禟胸无大志，不想做皇帝是事实，在他的想望中，未来的皇帝，不是八爷允禩，便是十四爷允禵。后来皇位为世宗占有，既大出意外，又恨之入骨，因而更激起世宗的仇恨。世宗登位后，起先还想用软化手段牢笼他们，同时也一直警惕着忌防着他们，他知道他们不会就此就范的。总而言之，世宗兄弟之间这场狠烈无情斗争，是无法避免的。对允禩、允禟来说，也是横下了破罐子破摔的心，不存在侥幸的念头。

允禟最后是怎样死的呢？这也是为史家所议论的疑案。

雍正四年（1726年）四月，世宗命都统楚仲（宗）、侍卫胡什里押解允禟从西安至京师。五月十一日，侍卫纳苏图来到保定，口传上谕，命直隶总督李绂，将允禟留住保定。李绂即于总督衙门前预备小房三间，四面加砌墙垣，另设转桶，传进饮食，并派官员和兵役轮番密守。后来李绂奏折中有这样的话：“至于‘便宜得事’，臣并无此语。原谓饮食日用，待以罪人之例，俱出臣等执法，非敢谓别有揣摩。臣复奏折内，亦并无此意也。”

六月二十七日，李绂奏折中说：“虽皇上更有宽大之恩，亦非臣民所愿，岂敢失于宽纵？”世宗朱批云：“凡有形迹，有意之举，万万使不得，但严待听其自为，朕自有道理，至嘱至嘱，必奉朕谕而行，干系甚巨。”君臣密札，何等诡秘森严。

后来允禟病危，李绂又向世宗奏报，并已预备好衣衾棺木。世宗批云：“朕不料其即如此，盖罪恶多端，难逃冥诛之所致。……如有至塞思黑灵前门首哭泣叹息者，即便拿问，审究其来历，密以奏闻。”至八月二十七日允禟终于死去。据李绂说：“今已逾七日，不但无有哭泣叹息之人，亦绝无一人至塞思黑门前。”一为罪人，而身后之凄惨如此。

后来世宗召集诸王大臣告谕说：所谓“便宜行事”之语，已于李绂奏折中朱批严饬之。李绂奏称，并无此语。这事情应该可以了结了。

可是到了雍正七年（1729年）十月，李绂因他案被世宗召入，当面斥责说，李绂奏报允禵病故后，“而奸邪党与及庸愚无知之人，遂有朕授意于李绂而戕害塞思黑之诬语。今李绂在此，试问朕曾有示意之处否乎？在塞思黑之罪，原无可赦之理……而李绂并不将塞思黑自伏冥诛之处，明白于众，以致启匪党之疑议，则李绂能辞其过乎？”

关于允禵到保定至死亡的过程，李绂原是频频向世宗奏报，但当时是在高度保密中上报的。允禵死后，钦差尚书法海将其妻子家属从西宁带往保定，世宗即严嘱李绂：“此事你总莫管，任法海为之。”那么，允禵即使是病亡的，李绂也不敢将这消息任意公布于众，他当然会考虑到，如未经世宗允许，必将受到严重责罚。

允禵是否因世宗之授意而被李绂害死，一时无法断言，但当时社会上有此传说，则是事实。世宗自己也已明言之，为民息谤，只好一古脑儿推到李绂头上。当时刑部严审李绂后，奏请治罪，世宗却从宽了之。至高宗时，李绂以内阁学士致仕，可见李绂处理允禵之死并无过错。孟森《清世宗入承大统考实》末云：“屠弟一款，尤为世宗所自称不辩亦不受者。夫不辩是否即受，论者可自得之。”此语颇得皮里阳秋之妙。

（原载《清代宫廷政变录》，香港中华书局1992年8月版）

年羹尧致死之由

年羹尧，镶黄旗汉军人，康熙三十九年（1700 年）进士。圣祖命允禵为抚远大将军征西北时，年羹尧以川陕总督辅佐进取。后允禵被召回京，年羹尧受命与管理抚远大将军印务的延信共同执掌军务。雍正元年（1723 年）五月，上谕西北军事，俱交羹尧办理，实际上是令他总揽西北军政大权。朝廷考庶常时，世宗将试卷秘密送给羹尧阅视，并在朱谕中写道："不可令都中人知发来你看之处。"这时羹尧在西北，又非积学文臣，试卷原用不着给他看，朱谕又写得那样诡秘。举此一例，说明两人之间的关系特别密切。

雍正二年（1724 年）年羹尧第二次到京时，世宗特令礼部拟定迎接的仪式，侍郎三泰草拟不够妥善，遂受降级处分。羹尧则黄缰紫骝，郊迎的王公以下官员跪接，羹尧过目不平视。王公下马问候，他只点点头。世宗甚至在朱谕中这样说，对年羹尧，"不但朕心倚眷嘉奖，朕世世子孙及天下臣民当共倾心感悦，若稍有负心，便非朕之子孙也，稍有异心，便非我朝臣民也。"实在说得语无伦次，不成体统，羹尧本是粗莽而反覆的武夫，怎么不会由此而昏头昏脑，妄自尊大呢？

然而这样一位受殊宠的勋臣，最后却成为罪人而处死，时间距世宗即位才三年，原因究竟是什么呢？史学界有两种说法。

一种是年羹尧、隆科多都曾为世宗夺位出过力，世宗既登大宝，他们已成功狗，为了怕泄露当初的隐秘，自非清洗不可。

另一种认为年羹尧的被诛，全由于自己骄妄专擅，使世宗不能容忍。这是立足于世宗承统，原出圣祖生前原定意图的基点上，所以年羹尧之被杀，与世宗承统无关。

年羹尧有没有参预世宗夺位的机密呢？应当说，是参预的，而且非常卖力。

他在西北佐理世宗的政敌允禵军政大计时，就是一个重要例证，其实是在对允禵进行箝制和监视。可是允禵远征西北，是圣祖生前亲自任命的，圣祖是出于对允禵的器重和信任，才授以抚远大将军的要职(但并不等于将允禵当作皇位的继承人)。年羹尧怎敢箝制和监视呢？我们假定世宗的嗣位，确出于圣祖生前的意图，可是圣祖从来没有公开表白过，世宗未必知道。这一点，也是为现代史家争议的一个疑题，我将在另篇中阐释。现在要说的是，皇太子允礽第二次被废，事在康熙五十一年（1712年)，到六十一年圣祖病重，这十年中，储位一直空虚，因而引起诸皇子之间的结党蓄谋，世宗是其中热衷者之一。年羹尧是世宗为雍亲王时的雍邸亲信，其妹为世宗妃子，也是在这个时候。

允禵出征西北，决非如世宗登位后所说的，是由于圣祖鄙视他，不让他留在京城，事实恰恰相反。世宗已窥测到圣祖对允禵的信任，因而更加将允禵看作劲敌。年羹尧心领神会，相互默契。这时候的西北战役，对朝廷威信影响极大，而政变需要武力作后盾。

孟森《清世宗入承大统考实》引《上谕内阁》云:“年羹尧因皇考大事来叩谒时，曾奏：‘贝勒延信向伊言，贝子允禵在保德遇延信，闻皇考升遐，并不悲痛，向延信云，如今我之兄为皇帝，指望我叩头耶？我回京，不过一觐梓宫，得见太后，我之事即毕矣。延信回云，汝所言如此，是诚何心，岂欲反耶？再三劝导，允禵方痛哭回意。’朕闻此奏，颇讶之。及见允禵到京，举动乖张，行事悖谬，朕在疑信之间。去冬年羹尧来京陛见，朕问及此事，何以未见延信奏闻，年羹尧对曰，皇上可问延信，彼必实奏。朕言，伊若不承认，如何？年羹尧奏云，此与臣面语之事，何得不认？朕因谕延信，延信奏称并无此语。及延信至西安，朕又令年羹尧讯之，年羹尧回奏云，今延信不肯应承，臣亦无可如何。”允禵当初说的话应当是可信的，延信没有想到年羹尧会去奏告世宗，他若承认，世宗岂不要责问，你听到后为什么不先来奏闻？延信怎么受得了？只好不承认了，但延信最后仍以阴结允禩而获罪。世宗自己在上谕中也明言允禵到京时，举动乖张，行事悖谬，那么，他在延信面前说这些话，更属可能。

雍正三年（1725年）十二月，上谕中有云，雍正元年（1723年），允禵深信和委用的太监阎进，在乾清门见年羹尧，指云：“如圣祖仁皇帝宾天再迟半载，年羹尧首领断不能保等语。圣祖仁皇帝之必诛年羹尧，阎进何由预知？”意思是，圣祖迟死半年，得悉羹尧箝制允禵的秘密，当然要处死羹尧，而羹尧与允禵之间的敌对关系，连阎进都知道。可见羹尧在西北时，已成为世宗的情报头子。孟森云：“允禵与羹尧相图，势已岌岌，圣祖不遽宾天，世宗之事未可知。”虽是推测，却具灼见。

由于允禩、允禵等在政变中的失败而沦为罪人，他们一些亲信不得不将做过的事，说过的话据实招供。至于世宗和年羹尧过去暗地里进行过什么活动，后人自然无法知道。例如上述延信的话，年羹尧不可能捏造，延信却赖掉了。

但年羹尧的恃功而骄，目中无人也是事实。他在西北行营时，引用私人，只具文告知吏部，不由奏请，人称为“年选”。雍正三年（1725年）正月，他的亲信西安布政使胡期恒劾四川巡抚蔡珽威逼知府至死，蔡珽罢职，珽自陈被羹尧诬陷，世宗特宥蔡珽，并升为都御史，谕云：“蔡珽系年羹尧参奏，若置之于法，人必谓朕听年羹尧之言而杀之矣。朝廷威福之柄，臣下得而操之，有是理乎？”世宗忌恨羹尧专横已很明显。同年十月，三法司等劾奏羹尧罪状达九十二款，也并非全是罗织。其中胡期恒幕友汪景祺《读书堂西征随笔》中《功臣不可为》一文，更触世宗之忌。景祺曾上书羹尧求见，此文作于羹尧极盛时，景祺或有暗示之意，这时便成为既见而不劾奏的罪状。世宗本人，原是不避杀功臣之讥，《雍正朝起居注》三年七月十八日云：“朕辗转思维，自古帝王之不能保全功臣者多有鸟尽弓藏之讥，然使委曲宽宥，则废典常而亏国法，将来何以示惩？”所谓辗转思维，即是反覆考虑，颇能道出他的心事。

道光时旗人文康作《儿女英雄传》，内容写侠女何玉凤之父为仇人纪献唐所害①，玉凤欲伺间报仇，因而被称为“首善京都一桩公案”。这个纪献唐便是影射年羹尧②。此虽小说家言，也见得年羹尧仇家之多。

最后，年羹尧从宽免于斩首，加恩在狱中自裁，儿子年富被斩，其他十五岁以上之子发极边充军。父遐龄，兄希尧革职免罪，遐龄实即国丈。

所以，年羹尧之死，实系“合并症”，即烹功狗与诛权臣相结合。而羹尧的专横弄权，也是世宗起先过分宠遇的结果。孟子所谓“赵孟之所贵，赵孟能贱之”，正可移用于清世宗对年羹尧这种功臣身上。

（原载《清代宫廷政变录》，香港中华书局 1992 年 8 月版）

① 何玉凤，即京剧中的十三妹。

② 《曲礼》有“犬名羹献”语，故以“献”影射“羹”。

隆科多命归禁所

隆科多，曾祖佟养正本汉人，姓佟氏。养正次子佟图赖之女为圣祖生母孝康皇后，圣祖孝懿皇后则为佟图赖的孙女，也即孝康后侄女，两朝全盛之国戚出于一家。世宗即位后，下谕：嗣后启奏处，应书舅舅隆科多。又在年羹尧奏折中批云："舅舅隆科多，此人朕与尔先前不但不深知他，真正大错了。此人真圣祖皇考忠臣，朕之功臣，国家良臣，真正当代第一超群拔类之希有大臣也。"但自康熙二十七年（1688年），隆科多任銮仪使兼正蓝旗蒙古副都统起，他的才能政绩很是平庸，中间还以所属人员违法妄行，被圣祖责以"不实心办事"，并革去副都统及銮仪使之职。而他之所以受到这样"超群拔类"的褒奖，自然由于拥戴世宗之功，正如世宗所谓"朕之功臣"。

圣祖仓猝驾崩，大臣承顾命的唯隆科多一人，后来因而有窜改遗诏的传说。这固然出于附会，但隆科多在圣祖病逝前后的许多宫闱隐秘，确实亲自耳闻目睹，当时又任步军统领要职，圣祖逝世之所的畅春园，即在他统辖之中。他所指挥的军队，除官长外，步甲就有二万三千一百余名，足以应付政变，所以他自言一呼可聚二万兵。

圣祖遗体将还大内前，他即先驰入京。这时果亲王允礼（圣祖第十七子）已闻出了大事，将奔赴畅春园，遇隆科多于西直门大街。允礼从隆科多口中得悉大位传于世宗，一惊之下，有类疯狂。

可是当年羹尧在狱中被迫自戕后二年，即雍正五年（1727年）冬，隆科多也被永远禁锢，禁所在畅春园附近，可能是要他在园外思过。所谓永远禁锢，也便是要他命归禁所。至次年六月，隆科多即死于禁所。

隆科多固然有专擅揽权的地方，如对皇子的傲慢，铨选官员，自称佟选，以及贪赃勒索等，但这在当时权重势盛的满大臣中并非个别现象，即便受到处分，何至非永远禁锢不可呢？

据萧奭《永宪录》卷四载，雍正四年（1726年），怡亲王允祥劾吏部尚书隆科多婪赃诸罪。而世宗又好抄家，同卷《禁造流言非议朝政》条，载上谕云："朕即位以来，外间流言，有谓朕好抄人之家产，轻信风闻之言，以为用舍。不法之人原有籍没之例，朕将奇贪极酷之员没其家资，以给赏赉，尚保全其性命妻子，不过使人知儆畏。"隆科多当然很敏感，所以早已把财产分藏到亲友处和西山寺庙中。隆科多还主动提出辞去步军统领职，世宗则在朱谕中说："朕并未露一点，连风也不曾吹，是他自己的主意。"但世宗内心中倒是不愿隆科多继续担任步军统领，至雍正三年，就解除了他的步军统领之职。

当议政大臣奏劾隆科多时，他正在东北勘议俄罗斯边界。世宗说："俄罗斯事最易料理，朕前遣隆科多前去，非以不得其人，必须隆科多而使之也。特与效力之路以赎罪耳。"乃命他即速回京。

经过诸王大臣的审问，所议之罪有四十一款，这里选录下列几款：

一、私抄玉牒，收藏在家。

二、妄拟诸葛亮，奏称："白帝城受命之日，即是死期已至之时。"这是属于大不敬之罪①。

三、圣祖升遐之日，隆科多并未在皇上（指世宗）御前，亦未派出近御之人，乃诡称伊身曾带匕首以防不测。

四、时当太平盛世，臣民戴德，守分安居，而隆科多作有刺客之状，故将坛庙桌下搜查。这是属于欺罔之罪。

五、皇上谒陵之日，妄奏诸王心变。这是属于紊乱朝政之罪。

---

① 古代以大不敬为十恶之一，也是皇权至上的产物。

六、交结阿灵阿、揆叙，邀结人心，曲庇菩萨保。这是属于奸党之罪。

七、自知身犯重罪，将私取金银预行寄藏菩萨保家。这是属于不法之罪。

以上几款，都与世宗嗣位有直接间接的关系，这里试作一粗略分析。

玉牒即帝王族谱，其中所记诸皇子的名字、排行等，或与世宗嗣位不利，隆科多非皇族，更不应私藏。

隆科多虽效忠于世宗，但也深知世宗的阴鸷猜忌。白帝城受命云云，必是感到世宗登位后已对他有猜忌之心而说的。

圣祖升遐之日，隆科多并未在御前，这是王大臣拟罪的奏疏中说的。可是疏入之后，上谕却说："但皇考升遐日，大臣承旨者，唯隆科多一人。"（见《清史列传》）岂非自相矛盾？其实后者是众所共知的事实，而隆科多说的身带匕首以防不测一语，正说明他已料到，圣祖一死，必有政变，原意实为世宗安全着想，这和搜查庙桌用意相类。后世传说世宗为皇子时曾蓄养刺客侠士，事或有之。世宗能蓄养，其他皇子手下何尝没有呢？第五条"妄奏诸王心变"尤为明显，隆科多其实毫无"妄奏"之处，他已经看到山雨欲来风满楼了。

年羹尧和隆科多同为世宗亲信，但两人间却有矛盾。年看不起隆，说是"极平常人"，前引世宗对羹尧奏折朱批中语，即为了弥合两人的裂缝。隆恐年来京对世宗，对自己都不利。

阿灵阿、揆叙都曾向圣祖推举允禩为皇太子，他们生前未曾被治罪。世宗登位后，却在阿灵阿墓碑上改刻"不臣不悌暴悍贪庸阿灵阿之墓"，在揆叙墓碑上改刻"不忠不孝阴险柔佞揆叙之墓"。可见帝王之尊的世宗的胸襟。菩萨保即允禩和婢女所生之子弘旺。隆科多和这些人接近，为世宗所不容，原是不在话下。

世宗的承统，到底通过什么样手段，是合法还是篡夺？此处暂且搁一搁。但登位之前，世宗和隆科多之间必有密切的勾结，隆科多成为他的一双耳目，则可断言。登位之初，隆科多以拥戴之功而成为从龙的重臣。重臣的结局，往往有两条，一是得保首领以没，一是凶终隙末，沦为刑场或监狱的孤魂野鬼。汉高帝刘邦、明太祖朱元璋之登帝位，并不存在和兄弟之间的争夺储位问题，因而也没有宫闱之间的隐藏内幕，可是功臣被杀的就有好几个。

（原载《清代宫廷政变录》，香港中华书局 1992 年 8 月版）

世宗的登位与暴卒

自从康熙五十一年（1712 年）皇太子允礽第二次被废后，圣祖就不再预立储位，大臣有为建储而向他进言的，多受处分。他也知道不立储位的弊端，但立了之后，势必又要分削他的权力，万一再出现一个允礽这样的皇太子怎么受得了呢？这种进退两难的处境，使他十分苦恼。老年人常有这样一种矛盾心理：自己时刻担心很快会死去，却又自以为还能活几年，因而能拖则拖。

储位空虚既达十年之久，必然造成诸皇子之间的结党蓄谋，尔虞我诈。在诸皇子中，角逐最力的有四个：

一、第八子允禩，但圣祖晚年很厌恶他。他的妻子又很专横，未曾生子，后来由允禩的婢女生了一子，这也是不利条件。

二、第三子允祉，但他没有实力，只会结交文士，而且过去和允礽很亲昵。

三、第十四子允禵（即胤祯），圣祖很器重他，有些学者认为圣祖生前曾属意于他，但他这时出征在西北。

四、第四子胤禛，即世宗。

实际上是集中在允禵和胤禛身上。到畅春园患病时，只有胤禛在京中，曾三次奉召至畅春园。冬至日本应由圣祖亲往南苑祭天，这时命胤禛代替，乃是一个信号。当然，胤禛还有一些其他优点，这是促成他承统的主观与客观条件，但圣祖始终未曾明白透露。有些书上说，圣祖因喜爱胤禛之子弘历（即高宗），于是由其子而立其父，这恐怕是世宗、高宗做了皇帝而凑合上去的。

到这里，我们可以作一简单的结论：世宗的承统，有他合法的一面，不能说出于篡夺，但却是圣祖临时决定的。在圣祖卧病畅春园以前，他心中是否已将世宗选中为继承人，还缺乏明白了当的史料依据，因此，世宗自己也未必明白。正由于这样，他也像其他几位皇子一样，必须广结党援，拉拢亲信，如年羹尧、隆科多等。圣祖病重时，隆科多看风使舵，于病榻前为世宗说几句好话，也是可能的。圣祖为什么要他口衔天宪，传达末命呢？其间脉络，大可寻索。世宗登位后，故而很感激他，又很忌惮他。

与争夺储位有关的圣祖诸子简表

名字	排行	生母	事由	结局
允禔	第一子	惠妃 纳喇氏	曾用喇嘛魇术诅咒废太子允礽，后被告发。	幽禁于府第中。雍正十二年卒。
允礽	第二子	孝诚仁皇后 赫舍里氏	两次被立为太子，两次被废。	幽禁咸安宫。雍正二年卒。
允祉	第三子	荣妃 马佳氏	与允礽虽亲昵，但非党羽。曾告发允禔用喇嘛行使魇术。	幽禁景山。雍正十年卒。
胤禛	第四子	孝恭皇后 乌雅氏	即世宗。圣祖崩后，由隆科多口传遗诏即位。	雍正十三年八月崩
允禩	第八子	良妃 卫氏	阴谋夺位，世宗即位后，视为死敌，改名阿其那。	雍正四年，卒于幽禁之所。
允禟	第九子	宜妃 郭络罗氏	党附允禩，被世宗改名塞思黑。	同上
允䄉	第十子	温僖贵妃 钮祜禄氏	党附允禩，在疏文内连书“雍正新君”，被拘禁。	乾隆二年开释，乾隆六年卒。
允祥	第十三子	敬敏皇贵妃 章佳氏	党附世宗，甚受厚遇，封怡亲王。	雍正八年卒
允禵	第十四子	孝恭皇后 乌雅氏	受圣祖重用，出征西北，或以为圣祖所属意，世宗即位后被幽禁。	乾隆初开释，进封郡王，乾隆二十年卒。

孟森在《明清史讲义》下册中说:“要之圣祖诸子，皆无豫教，唯世宗之治国，则天资独高，好名图治，于国有功，则天之祐清厚，而大业适落此人手，虽于继统事有可疑，亦不失为唐宗之逆取顺守也。”孟氏是怀疑世宗嗣位的合法性的，也确有值得怀疑地方，舍此不论，他结末说的“逆取顺守”这一论点，却很有启迪意义。因为康熙朝后期的政局已逐渐倾颓，世宗登位后，作出了许多积极的措施，对弊政大加整顿，而且很有才智和魄力，言出令随，雷厉风行，从而开乾隆朝宏伟的局面。他对付允禩、允禵等政敌，也是东风和西风的斗争，如果不清洗，允禩等也不会让世宗过安稳日子的，这也是历来政变的规律。

然而他用铁腕取得的那些政治效果，又和他性格中阴鸷残忍、猜忌狭隘的特点互为因果，好多措施都具有性格化的色彩。险峻的政治生活，必然会熔铸到他的性格中。总之，世宗坚毅果断，亲揽大权，完成了圣祖所未完成的任务，而大清皇朝的绝对专制，也至世宗更加完固。

世宗的时代早已过去，对于我们，只有理性上的功过之分，而无感情上的恩怨牵萦。所以，我们对封建帝王的评断，重心还在他们对历史起过什么作用。唐太宗李世民得天下，也是从骨肉相残的宫廷政变中取得的，李宗吾的《厚黑学》中就将他作为代表。但自玄武之变至贞观之治，他对唐代前期的政局，还是起过卓著的推动作用。杜甫《重经昭陵》所谓“风尘三尺剑，社稷一戎衣”原非溢誉，孟森先生所以将唐太宗作为“逆取顺守”的先例。

最后，对世宗之死，后世的野史演义也有种种传说，较为流行的是世宗被侠女吕四娘刺死。

传说吕四娘是吕留良女儿（一说是孙女）。吕留良死于康熙朝时，至雍正十年（1732年），因曾静案牵连，留良、葆中父子被戮尸，另一子毅中斩决，孙子充军，全家遭祸。吕四娘侥幸漏网，携老母逃亡，在江湖上学得一身武艺，潜入宫中刺死世宗。

一九八一年，曾发掘世宗地宫，未打开即作罢。外间却传说棺已打开，世宗有尸身而无头，可见被人所杀。

侠女复仇的故事，清代颇为流行，如本书另一篇提到的《儿女英雄传》中的何玉凤即其一例。《聊斋志异》卷二的《侠女》，也写浙江一女侠，父亲被仇人陷害，籍没其家，她只得负老母出走，后来终于将仇人之头割下。当她向情人顾生告别时，“女一闪如电，瞥尔间遂不复见”。

小说稗史，供人谈助，自可写得离奇曲折。但在史学家，则必须信而有征，还历史以真实。

为什么世宗之死有奇异的传说呢？主要的原因由于他是暴崩的。

据《起居注册》，雍正十三年（1736年）载：

> 八月二十一日，上不豫，仍办事如常。
>
> 二十二日，上不豫。子宝亲王、和亲王朝夕侍侧。戌时（午后七时至九时），上疾大渐，召诸王、内大臣及大学士至寝宫，接受遗诏。
>
> 二十三日子时（夜十一时至次日一时），龙驭上宾。大学士宣读朱笔谕旨，着宝亲王（高宗）继位。

这说明从患病至逝世前后仅三天，而在二十一日，“仍办事如常”，于是使人感到蹊跷。但清代官书中记录皇帝逝世的情节原很简单，圣祖自畅春园卧病至驾崩也不过七天，这之前他还在出猎。又如高宗、仁宗、宣宗，自不豫至逝世也不出二日。

然而世宗之死，之所以引起后人的猜疑，和他生前的残忍阴鸷，树敌过多也不无关系。对他不满的人借此发泄内心的宿怨，等于是一种诅咒。

世宗一死，新君高宗立即下谕，将原在宫中的炼丹道士驱逐回籍，“若伊等因内廷行走数年，捏称在大行皇帝御前一言一字，以及在外招摇煽惑，断无不败露之理。一经访闻，定严行拿究，立即正法，决不宽贷”。谕中又说，世宗对炼丹之术，只是当作“游戏消闲之具”，而对那些道士，“圣心视之与俳优人等耳”，“且深知其为市井无赖之徒”。但由此也向我们透露：世宗生前，对这些炼丹道士是很亲昵的，能够被皇帝当作“游戏消闲之具”，也需要有特别巧妙的伎俩。正因为这样，高宗就生怕他们在外面传播世宗的生活隐私。杨启樵又结合其他资料，推断世宗是“服饵丹药中毒而亡的”（见《清代帝王后妃传》）。而所谓丹药，都是有刺激性的，俗语称之为霸药，因而必有很强的副作用。

金梁《清帝外纪·世宗崩》云:“以上所述略异（指大学士鄂尔泰夜驰受伤事），仓卒传闻，不免参差，惟世宗之崩，相传修炼耳丹所致，或出有因。至传位之诏，元年密缄，曾见明谕，可无疑也。”金氏这段短文，倒很重要，向我们揭示三要点：（一）外间对世宗死于仓猝，传说不一；（二）但相传为服丹药而死，该是有根据的；（三）传位于高宗之诏，是不必怀疑的。这三点，都是由于世宗的暴崩而引起的疑惑。

（原载《清代宫廷政变录》，香港中华书局 1992 年 8 月版）

棋高一着的清高宗

世宗鉴于上一代争储的教训，在即位不到一年后，便另设秘密传位的办法。雍正元年（1723年）八月，世宗召见满汉大臣谕云：“今朕特将此事（指建储）亲写密封，藏于匣内，置之乾清宫正中世祖章皇帝御书‘正大光明’匾额之后[①]，乃宫中最高之处，以备不虞。”另外，又有一份内容相同的传位诏书置于圆明园内。因他在圆明园内居住时间较多，最后亦崩于园中。但他只告诉大臣张廷玉和鄂尔泰。

这办法有两大好处，一是避免了诸子对皇位的争夺，二是储君的名字不公布，威胁不到他的权力，这也表现了世宗思虑周密。

世宗共有八个后妃，十个儿子，长到成年的有四个：弘时、弘历、弘昼、弘瞻。可是，藏在这个神秘匣子里的储君究竟是谁呢？只有世宗自己知道。

世宗死后，大家才知新君是宝亲王弘历，即高宗，时年二十五岁，世宗第四子，母钮祜禄氏。

所以，自世宗至高宗朝，就没有争夺储位的纠纷。但有一件事却仍与康熙朝的宫闱内幕有关，而至乾隆朝才始了结，这便是《大义觉迷

---

① 清宫的外朝与内廷，以乾清门为界限，自乾清门起即属内廷。乾清宫在保和殿后（保和殿则属外朝），清代是皇帝召见大臣之所，大学士、尚书、御前大臣入见，皇帝俯指赐坐，大臣叩首谢恩后就跪在毡垫上。如为侍郎，虽同见，不得跪垫，故不叩谢。所谓赐坐，并非如舞台上那样让臣子坐在旁边的椅子上。

录》的颁布和禁止。

通常的禁书，著作或编辑的人，总是被皇帝认为是站在敌对地位的大逆不道的罪犯。这部《大义觉迷录》却是世宗时官修与颁行，即策划和发行的都是世宗，却为他儿子高宗禁止，你道怪也不怪？

雍正六年（1728年），湖南生员曾静，派遣弟子张熙，劝说川陕总督岳钟琪举兵反清，后被岳钟琪奏告。世宗即命刑部严审，《大义觉迷录》中所收的即是曾静口供和世宗各道谕旨。世宗为了使“各府州县，远乡僻壤”的士子与小民都由“迷”而“觉”，故编成此书。“人人观览知悉”，学校皆须收藏，如果读书人有一人未见此书，就是从重治罪。世宗还特赦曾静、张熙，不予追究。

那么，高宗究竟禁得对不对呢？完全正确，十分必要。

《大义觉迷录》的内容重心，一是有关世宗本人政治生活的隐私，即属于家族问题；另一个是有关夷夏之防的种族问题。后者不属本书范围，这里专谈前者，即涉及世宗弑父逼母、残害兄弟的传闻。其中最重要的不在于用煌煌圣谕如何力辩自己的清白仁慈，而在于罪犯曾静的供词。

例如刑部问曾静，皇上将二爷（即废太子允礽）的妃嫔收了等语，“今你这话从何处来？”曾静供道，是从衡州路上一个犯官那里听到的，“弥天重犯（曾静自称）听得此话不察，妄以为此话自犯官说出，毕竟是事实”，直至到了长沙，“方知皇上清心寡欲，励精图治”（皇上的“清心寡欲”，怎的到了长沙才知道？），“而谣言竟传以为收宫妃，岂不深可痛憾！”世宗谕旨中又说：“至于和妃母妃之言[①]，尤为怪异莫测。朕于皇考之宫人，俱未曾一见面者，况母妃辈乎？”

尽管这是道听途说的谣言，世宗之意，原为辟谣澄清。但这样的谣言，往往越辟越昏，越澄越浑，如同双手伸进酱缸。

又如曾静供道：“有人传说，先帝欲将大统传与允禵。圣躬不豫时，

---

① 和妃，瓜尔佳氏，圣祖之妃。世宗即位时，已四十一岁。

降旨召允禵来京，其旨为隆科多所隐。先帝宾天之日，允禵不到，隆科多传旨遂立当今。……有太监于义、何玉柱向八宝女人谈论：圣祖皇帝原传十四阿哥允禵天下，皇上将‘十’字改为‘于’字。”可见改“十”为“于”，圣祖一死，宫中即在传说，十、于二字又形近，也难怪使人信以为真。

又如传言世宗于其父病重时，进一碗人参汤，圣祖就驾崩。太后要见允禵，皇上大怒，太后于铁柱上撞死。又据佐领华赉供称，“曾听见太监关格说，皇上气愤母亲，陷害兄弟等语”。八宝、何玉柱、关格都是世宗政敌的亲信，他们散布这些谣言，自为其主子泄愤，而这些谣言又很易淆惑，例如圣祖患病时间很短促，世宗偶而侍奉汤药也很有可能。十四阿哥允禵与世宗是一母所生，太后对从西北回来的小儿子的怀念，也是慈母之常情，所以谣言中又夹杂了真实。

但这时世宗的一些政敌，有的死去，有的囚禁，再也无人敢公开传播，世宗却偏要自我扩散，授人以柄。所谓改“十”字为“于”字的谣传，固不足信，可是不正因为刊布了《大义觉迷录》而传播到社会上的吗？民间感到兴趣的正是这些谣言中的奇异情节。好奇本来是很普遍的社会心理，《大义觉迷录》的颁布恰好为好奇者提供了无风不起浪的把柄。

世宗一生，极为机警敏悟，这件事却是聪明一世，懵懂一时。高宗就比乃父棋高一着，不失为干蛊之材。

此外，高宗还对世宗骨肉相残的宿案做了不少善后工作，如开释被禁锢的王公宗室，幸存的允禵、允䄉，也于开释后赐以公爵衔。高宗异母兄弘时，世宗因其放纵不谨，削去宗籍，高宗也仍将其收入旗谱，延信、阿灵阿的子孙也恢复原来的身份。高宗的这些举措是很英明的，即使上代真的有罪，怎能使子孙一并遭殃呢？

还有为世宗生前咬牙切齿的阿其那允禩、塞思黑允禟两案，因为实在很棘手，所以一直搁置着。到了乾隆四十三年（1778 年），在上谕中用温和的语气斥责几句后，也将两人恢复原名，收入玉牒。

高宗在即位之初，对允禩、允禟的子孙被摒弃玉牒之外的处分，已感过重，曾下谕说“当初办理此事，乃诸王大臣再三固请，实非我皇考之意”（《高宗实录》），但诸王大臣如果不是因为迎合世宗的本意，哪一个敢这样做呢？如同不是新君登高一呼，谁敢把已沦为犬豕的允禩、允禟恢复原名，收入玉牒呢？换言之，只有后皇，才能翻前皇之案。不过，他在向天下臣民公布的谕旨中只好这样说，世宗既是皇考，就得为皇考留个余地。这一点，也应为我们所理解。

不管怎样，高宗在治疗世宗骨肉之残的创伤上，还是明智而公允的。

（原载《清代宫廷政变录》，香港中华书局 1992 年 8 月版）

乾隆帝巡幸的风波

清代每日上谕，由军机处承旨下达内阁后，谕旨及奏折便传知各衙门抄录遵行，题本（奏折之一种）由六科传抄。后来有人在北京正阳门外设立报房，发行“京报”，内容都是宫门抄、上谕、奏折，每册取费十文。“京报”的前身为邸报，邸报之名则始于唐代。此亦中国报纸业中的重要沿革，戈公振《中国报学史》上曾有详细的记载。

但在清代“京报”的流通过程中，曾经发生过一件大狱，大狱的起因由于乾隆大帝的巡幸。所谓巡幸，用现代流行的话说便是旅游。今天中外人士，对旅游都有极大的兴趣，在二三百年前的皇帝，他们的兴趣或许更浓厚些。因为九重深邃，宫禁森严，皇帝平日除了临朝时和几个大臣接触外，几乎与世隔绝，从早到晚，处身于《游龙戏凤》中正德帝说的大圈圈里面的小圈圈。初次到北京游览的人，必急于要到故宫去观光，可是当你花上两三天功夫，游遍故宫后，设身处地为皇帝想一想，一年四季生活于这种暗沉沉的建筑群中，你能受得了吗？即使有三宫六院，也会日久生厌。

从乾隆六年（1741 年）起，这位皇帝就开始旅游了。每到一地，地方官自然奉命唯谨，供应迎送，无不戏台彩棚，龙舟华灯，一路不绝。这正好给役吏一个上下其手的好机会，借此向民间勒索，勒索不遂，即给以违碍接驾的罪名。他到避暑山庄时，曾对内大臣博尔奔察说：“此地气候极清淑，大胜京师，洵无愧避暑山庄也。”奔察却回答道：“陛下就宫内言之耳，若外间城市狭隘，房屋低小，人民皆蜗处其中，兼之户灶衔接，炎热实甚，故民间有谚曰：皇帝之庄真避暑，百姓仍是热河也。”乾隆帝大怒，但因其为满人和武臣，未曾加罪。后来乾隆帝到苏州，见灵岩梅树合抱极为叹赏，博尔奔察又侍卫其侧，拔出佩刀，作砍树状。乾隆帝惊问，奔察答道：“怪其不生于圆明园，而使上有跋涉江湖之险也。”这位满籍的内大臣，倒算得上胆大包天了。又如顾栋高回无锡时，乾隆帝曾对他说：“汝年衰，是以准令回籍颐养，将来朕巡幸江南，尚可见汝。”栋高立即接应说：“皇上还要南巡吗？”尹会一视学江苏，回京奏道：“上两次南巡，民间疾苦，怨声载道。”乾隆帝即严词诘责：“汝谓民间疾苦，试指出何人疾苦？怨声载道，试指出何人怨言？”这叫臣下怎样回答呢？杭世骏疏论时事时也说：“巡幸所至，有司一意奉承，其流弊及于百姓。”杭世骏差一点人头落地，后赖人谏劝，才得以赦回老家。

从上述记载中，可见当时臣下对巡幸的反感，更不必说草野小民。其间乾隆帝虽曾下谕禁止地方官铺张，也只是具文而已。有些官场老手，原懂得此中三昧：皇帝的谕旨，哪些是应当认真遵行的，哪些是“等因奉此”，装点门面，认真不得的。

乾隆十四年（1749 年）十月，乾隆帝打算南巡，两江总督黄廷桂，以江南士绅共望临幸入告，深得乾隆帝欢心。廷桂供应非常周到，但其人性情刚躁，属吏颇以为苦。次年七月，抚州（江西临川）卫千总卢鲁生(原任长淮卫守备)，在南昌卫守备刘时达家，虑及办差赔累，便想谏阻巡幸。两人乃编造奏告，写成五不解、十大过名目。又想到吏部尚书孙嘉淦，素以胆大敢言著名，允禩、允禟得罪雍正帝时，他曾上疏请“亲骨肉”，一时被目为狂士，并有“孙嘉淦之胆”的传说。他们便伪造嘉淦名义上疏谏阻南巡。当时的两江，包括江苏、安徽、江西三省。明清漕粮北运，由沿途各卫各所官兵领运，守备职务为统率运军领运漕粮，量功升转，挂欠者治罪追偿，千总职位次于守备。巡幸队伍声势浩大，成员众多，加上地方临时的办事人员，这样势必影响漕粮的正常供运而造成赔累挂欠。所以卢、刘有此隐衷，不惜伪造奏稿。疏稿长达万言，指斥乘舆，劾责鄂尔泰、张廷玉等大臣，交各提塘（投递本省和在京各衙门文报的武官）传抄，印入

“京报”，流布远近。乾隆十六年八月，为云贵总督硕色发觉奏闻，即谕令各地密访严拿。在查办过程中，因株连而受刑的人员颇多，如浙江提督吴进义，以传看伪稿罪被拘。吴已衰老，承审官逼令画供，遂成冤狱，后来才得昭雪。陈公寿、史祖贤等套夹时曾经认罪，松刑后又即翻供。

此案文武官吏被牵连获罪者近千人，蔓延至七八个省。获罪原因，有的由于查办不力，有的由于罗织附会。正犯卢鲁生，此时病势沉重，上谕恐其“迫不及时”，死于“明正典刑”之前，便命将卢鲁生押赴市曹凌迟处死。刘时达（也在病中）及卢鲁生两子锡龄、锡荣均判斩监候。运气最好的是孙嘉淦，乾隆帝对他却一无所问，他因而惶恐不自安，曾对人说：“先帝（指雍正帝）及今上，尝戒我好名，今独假我名，殆生平好名之累未尽有以致之。”从此孙嘉淦益自敛密，他平日常以八约自诫：“事君笃而不显，与人共而不骄，势避其所争，事止于能去，功藏于无名，刑言其无用，以守独避人，以清费廉取。”可见其人尚能自爱。

卢、刘奏稿的具体内容，如五不解、十大过等都未公布，上谕只是说他“诽谤”，这也是每一大狱的公式。就《东华录》中官方公布的情节看，卢、刘其实也没有什么大罪，要说有罪就是不该假托孙嘉淦之名，但何至于非杀不可？

这以后，乾隆帝还是旅游。乾隆四十九年（1784年）往海宁尖山检阅海塘工程，又谕督抚添筑海塘，给库银五百万。粪商则被勒令沿塘遍置盆缸，上加木盖，以备纤夫大小便。六度南巡，至此完成。内阁学士尹壮图疏言，督抚借词办差，勒派属吏，遂致仓库亏耗。乾隆帝降旨责问，壮图回奏：系下吏怨及督抚，小民怨及牧令。乾隆帝始稍解其怒，从此不再有人为巡幸而进言了。

隋炀帝幸江都，崔民象、王爱仁上表劝谏，皆被杀。李商隐《隋宫》七绝乃有“乘兴南游不戒严，九重谁省谏书函”之咏，这些都是皇帝旅游史中的好资料。

（原载《伸脚录》，辽宁教育出版社1996年1月版）

太上皇与嗣皇帝

高宗虽也采用秘密建储的办法，但他认为这种制度是权而非经，并说："将来皇子年龄渐长，识见扩充，万无骄贵引诱之习，朕仍当布告天下，明正储贰之位。"（《高宗实录》）同时，他还准备恢复以嫡子承统的古制。

乾隆元年（1736年）七月，他在乾清宫召见诸王大臣，将亲书的密旨，着总管太监收藏于"正大光明"匾额之后。这位内定的储君便是皇二子永琏，其母为孝贤皇后富察氏。

不料永琏至九岁病逝，谥为端慧皇太子。高宗又以富察氏所生的皇七子永琮为储君，不久永琮又以天花殇逝，年才二岁。这以后，他就不再有嫡子。因为富察氏死后，高宗册立皇贵妃乌喇那拉氏为皇后，后因那拉氏忤违帝旨，所以她逝世时，丧仪降级按皇贵妃之例，从此高宗就不再册立皇后。

孝贤皇后之死，高宗本人极为悲痛，但皇长子永璜、皇三子永璋（皆非嫡出）却很淡漠，全无哀慕之忱，人子之道。永璜甚至有"母后崩逝，唯我居长"，隐图储位之意，所以，高宗明示"此二人断不可继承大统"。若不如此，"与其令伊等弟兄相杀，不如朕为父者杀之"。这样爆裂性的话，决不是信口耸听，正是鉴于上一代的惨痛教训有感而发。又由于无嫡可立，高宗只好放弃原来的立嫡初衷，戒谕大臣如有于诸阿哥中选择一人为皇太子者，便是离间父子，惑乱国家之人，一定要立即正法。

乾隆十五年（1750年），皇长子永璜忧愤成疾而死，皇三子永璋也受冷落，皇四子永珹、皇六子永瑢也皆失宠，于是只好选择乾隆十五年以后出生的儿子：八子永璇、十一子永瑆、十二子永璂、十五子永琰(乾隆二十五年生)、十七子永璘，但他都不很称心。

乾隆三十八年（1773年），高宗已六十三岁，建储大计不能长此延缓，便将密旨书就，藏于匾后，在事后才谕知极少数的军机大臣，另书一道藏于随身携带的小匣内。一般大臣对此事全无所知，后来得悉已经建储，便纷纷猜测以为永瑢，但永瑢实已出继慎郡王，后于乾隆五十五年病故。最后揣测成亲王永瑆和嘉亲王永琰，也有加上皇次孙绵恩的，即永璜次子。

乾隆六十年（1795年）新年，高宗举行家宴，子孙都受赏赐，只有永琰未曾得到，并对他说："尔则何用银为？"[①]这时，大家才理会到，未来的皇位继承人当是十五子永琰了。

高宗起先欲行立嫡制，后期反过来批评立嫡非良法，并举例说："纣以嫡立而丧商，若立微子之庶，商未必亡也。"又如汉文帝最贤，并非嫡子，假使高帝令文帝嗣位，何至有吕氏之祸。这也因为此时已无嫡可立，仁宗永琰的母亲魏佳氏，贵人出身[②]。乾隆二十五年（1760年），魏佳氏生仁宗，乾隆四十年魏佳氏逝世时还是皇贵妃。

然而秘密建储的弊端也很显然，英明和庸碌都是皇帝一个人主观决定，常常受到心理上的喜怒冲动的影响。一个平日言行恭顺柔和的人，未必是奋发有为、勇迈果断的英主。下焉者为了取悦于皇考，也无人敢向执政的皇帝犯颜直谏。

乾隆六十年（1795年）九月，高宗宣示立嘉亲王永琰为太子，以明年丙辰为嗣皇帝嘉庆元年，自己为太上皇，并命太子名字的上一字改

① 《朝鲜李朝实录中的中国史料》下编，卷十。

② 贵人，女官名，次于妃、嫔。

书“颙”字，即改为颙琰。这是嘉庆、道光两朝皇帝御名避熟字的开始，故意改成冷僻字。

元旦这天，举行授受大典，嗣皇帝侍太上皇至奉先殿、堂子行礼，太上皇于太和殿亲授以宝，又于受贺毕还宫，皇帝乃即位受贺。太上皇以宁寿宫为颐养之所。

宁寿宫在紫禁城东北部，其前为皇极殿，四周筑有高大的红色宫墙，全组建筑在皇宫中自成一系。宁寿宫始建于康熙二十七年（1688年），本为圣祖奉养母后而建。乾隆三十六年（1771年）拓建，为九开间大殿，九龙壁、“乾隆花园”都在那里。清末，清廷为庆贺慈禧太后六十寿诞，曾拨六十万两白银重修宁寿宫、皇极殿。

历史上的太上皇之称，始于汉高祖刘邦的父亲，但这只是尊称，实与皇权的传授无关。正式的太上皇自唐高祖李渊禅位于李世民开始，清高宗是中国历史上最后一个太上皇，但历代太上皇与嗣皇帝之间的关系，都不是很融洽和谐的。

（原载《清代宫廷政变录》，香港中华书局1992年8月版）

一朝天子一朝臣

高宗为太上皇后，本应退居宁寿宫，实际上继续居住在养心殿处理政务，只是改归政为训政。仁宗则居毓庆宫（在乾清宫东南），原与清制不合，高宗却以“寝兴六十养心惯”和“已便兼亦欲人便”为理由住在养心殿，直至逝世。后一句意为，养心殿在乾清门西，遵义门内，召见大臣较宁寿宫为近便，可见他仍未忘情于帝座。在清宫内务府的档案中，还有乾隆六十一年和六十二年的时宪书。

过去一些太上皇的处境，其实并不舒畅，常常受制于嗣皇帝，显著的例子是唐玄宗。他自蜀中回长安后过的日子实同软禁，但清高宗为太上皇，始终权过嗣皇帝，相形之下，仁宗倒像个机器皇帝。

据朝鲜《正宗实录》，嘉庆元年（1796年）三月十二日，朝鲜国王召见回还进贺使李秉模等，秉模传述仁宗的印象云：“状貌和平洒落，终日宴戏，初不游目，侍坐太上皇，上皇喜则亦喜，笑则亦笑。于此亦有可知者矣。”又云，朝鲜使臣至御榻前跪叩，“太上皇帝使阁老和珅宣旨曰：朕虽然归政，大事还是我办。你们回国问国王平安，道路遥远，不必差人来谢恩。”在圆明园宴会时，太上皇也使和珅传言慰谕。嘉庆二年十二日，太上皇观冰戏，乘黄屋小轿，到使臣等恭迎处，又使阁老和珅传旨问平安，和珅则已成为太上皇的代言人了。

和珅，姓钮祜禄氏，正红旗人。乾隆三十七年（1772年），始授三等侍卫，后为大学士、四库馆正总裁等。儿子丰绅殷德尚高宗第十女和孝公主，和珅图形紫光阁。

他以一个銮仪卫的轿旁小子，在乾清门为高宗赏识，嗣后青云直上。和珅受此殊遇，实在不可思议，野史因而有怪异的传说，说和珅是世宗一个冤死的妃子转生。事虽不足信，也说明他和高宗遇合之侥幸，已使民间感到疑讶。

孟森《明清史讲义》下册云:“据此则内禅以后，依然政由太上，而和珅为出纳帝命之人，对外使且然，一切政务可想。但多一已显明之嗣皇帝，到处侍游侍宴，以全神贯注太上、和珅喜怒而已。此为仁宗动心忍性之日。”因此，仁宗对和珅表面上非常尊重，呼相公而不名。珅之出纳帝命，左右也有不满的，仁宗说:“朕方依相国理四海，何可轻也。”可见仁宗动心忍性的一端。

和珅曾荐其师吴省兰为仁宗录诗草，藉此以窥动静。仁宗知其意，吟咏中不露锋芒，珅心安之。有一天，太上皇单传和珅入见，上皇南面而坐，仁宗西向坐一小杌（训政后召见臣子皆如此)。上皇闭目，口中喃喃有所语。仁宗极力谛听，终不能解一字。久之，上皇忽张眼说:“其人何姓名?”珅应声道:“徐天德、苟文明。”上皇复闭目诵不辍。过了一会，始挥之出。仁宗大惊，后问和珅，珅说:“太上皇念的是西域秘咒，诵此咒能使他憎恶的人，虽在数千里外，亦无疾而死或有奇祸。奴才闻上皇所欲咒者，必为教匪悍酋，所以将这两人姓名应对。”仁宗益惊骇，知和珅亦懂得这法术。以咒制敌的法术自不足信，但在当时的宫闱中却是奉行着，又说明仁宗处处忌和珅，和珅亦处处防仁宗，例如侍讲学士朱轼本为仁宗师傅，后外放署理两广总督。大学士孙士毅病死后，高宗欲令朱轼补此缺，仁宗乃向轼贺以诗，和珅即向高宗挑拨说:“嗣皇帝欲市恩于师傅。”自此便为和珅所阻，不能前至枢廷。

所以，这时候的统治中心是由三驾马车组成，英国人斯当东《英使谒见乾隆纪实》中，便称和珅为“二皇帝”，仁宗反成为象征性的一驾，这当然使仁宗难以容忍。正如朱希祖在《嘉庆三年太上皇起居注》中说:“太上皇帝信之愈深，皇帝恨之愈切；太上皇帝愈以为功高，皇帝愈以为罪大，不除和珅则祸害无已，欲除和珅则投鼠忌器。”而这时太上皇已年近九十，神志自大不如前，和珅更可以为所欲为，太上皇批谕中字划有未真切处，和珅居然声称不如撕去而另拟。

斯当东是与和珅接触过的，他知道和珅出身低微。后来和珅之所以升到高位，就因为一切国家大事都掌握在高宗个人之手，故而可以马上使人贵，又可马上使人贱。同时，他已看到和珅处境的危险，因为对和珅的忌惮，原不止仁宗一个人，还包括其他的王公大臣。

嘉庆四年（1799 年）正月初三，太上皇病逝，次日初四，即褫夺和珅军机大臣、九门提督两职，只命守值殡殿，不得任自出入。初八日，即由给事中王念孙等列款参劾，逮捕和珅及其同党户部尚书福长安。这说明在太上皇逝世之前，仁宗已经在积极布置，并取得有力的大臣的支持，故能以闪电般的手段，取得政变性的效果。

昭梿《啸亭杂录》卷一，记仁宗曾作《唐代宗论》，中云：“‘代宗虽为太子，亦如燕巢于幕，其不为辅国所谗者几希。及帝即位，若苟正辅国之罪，肆诸市朝，一武夫力耳。乃舍此不为，以天子之尊，行盗贼之计，可愧甚矣。’乃知睿谋久定于中矣。”李辅国是唐代宦官，专横擅权，代宗即位，乃使人夜入辅国宅暗杀之。所以仁宗讥为“行盗贼之计”，暗示自己处分和珅，必用光明正大的治罪办法。

和珅的大罪有二十条，第一条是：“朕于乾隆六十年九月初三日，蒙皇考册封皇太子，尚未宣布，和珅于初二日在朕前先递如意，以拥戴自居。”拥戴也是权臣谋取权力的一种手段，仁宗也已觉察，确是和珅的致命伤，因为这将置新君于何地呢？所以，后来上谕中曾严禁王公大臣进贡如意，“诸臣以为如意，而朕观之反不如意也”。我们即可于此窥其“天机”。

据朝鲜《实录》引徐有闻闻见别单：仁宗起先欲剐和珅，皇妹之为珅媳妇者（即和孝公主），涕泣请全其肢体，屡恳不止。大臣董诰、刘墉亦乘间言和珅曾任先期大臣，请从次律，乃赐帛自尽。和珅临绝作诗曰：

五十年来梦幻真，今朝撒手谢红尘。

他时水泛含龙日，认取香烟是后身。

末两句不甚可解。一说似用夏后龙漦故事，为孝钦祸清先兆。香烟后身，指孝钦或有烟瘾，而和珅于嘉庆初已染此癖。未免附会过甚。这当是指和珅自己与高宗的关系。香烟即佛家语香火，而香火因缘常譬喻前生的契合，意为死后如与高宗相见于九泉之下，犹能认取香火，即仍不忘故主之意。

无名氏《殛珅志略》中有传和珅元夕狱中作五律云："夜色明如许，嗟余困未伸。百年原是梦，廿载枉劳神。室暗难挨暮，墙高不见春。余生料无几，空负九重仁。"此诗较前一首七绝浅陋明白，而真伪不可知。

和珅又是清代超级豪门，《殛珅志略》中附有家产查抄清单一份，但与他书记载的不同。萧一山《清代通史》中册云："和珅家财，以比例推算之，殆不下八万万两，甲午庚子两次赔款总额，仅和珅一人之家产足以当之。"美国费正清《美国与中国》第五章，记和珅被查出的财产，"照当时美国货币推算，要值十亿美元以上，这大概是空前绝后的最高记录了。"洪业《和珅及淑春园史料札记》①，以为故宫博物院的《史料旬刊》中虽载有许多和珅案文件，但"既无籍没清单，而世传清单中之月日及物品数目，复辄与案件冲突，其为赝造无疑矣"。

当时副都统萨彬图以为必有人为之隐寄，曾对和珅家掌管金银内账的四名使女审问。仁宗对此反而大怒，严斥萨彬图辗转根求，多事株连，近于搜括，"且开列使女之名，形之奏牍，实从来未有之事"。仁宗又说："岂萨彬图视朕为好货之主，以此尝试乎？"因为和珅被抄财物尚不止此，就易使人疑为已入内库，与流传的"和珅跌倒，嘉庆吃饱"的民谚，不是正相吻合吗？

---

① 淑春园为赐园，和珅名为十笏园，即后来燕京大学校园的北部。

但仁宗严惩和珅，主要还是由于权力上的冲突。如果容忍下去，和珅的权力必凌驾其上，所以，和珅伏法一案，其实也含有政变的性质。一朝天子一朝臣，原是皇权制度下的常见规律。

和珅的荣华富贵，是因高宗的宠遇而到达极峰，但和珅这条命，也可以说是高宗断送的。

（原载《清代宫廷政变录》，香港中华书局1992年8月版）

两次禁门之变

仁宗在位二十五年。即位之初，他就成功地清除了君侧的隐患和珅，可是在他的后半生，却身经两次惊心动魄的禁门之变。各地的民变民乱，虽历代皆有，但陈德以匕首而“惊驾”，林清结内监而闯宫，却是前所未有的。

陈德生于北京[1]，其父母曾典与旗人为奴，后又随父母在章丘等地服役。陈德二十三岁结婚，三十一岁父母逝世，在山东无法谋生，乃至北京投靠在内务府当护军的外甥姜六格，住在堂姐家中。陈德曾随镶黄旗包衣管领常索在内务府服役[2]，因而时常出入宫禁。

后来妻子和堂姐相继病故，儿子幼小，岳父母又跌成瘫痪，陈德感到以后日子难过，心里气恼，便借酒浇愁。陈德在院中歌唱哭笑，因而被主人家解雇，于是“起意惊驾，要想因祸得福”。

嘉庆元年和二年时，陈德都得过梦。一次梦见自己在无水桥下躺着，忽像有人拉他上桥，到了桥上一看，像在一知府大堂后头，穿上程茧乡蟒袍，心想将来必有朝廷福分。另一次是有人领路，领到厨房，梦里说是在东宫。又记得从前求签五枝，都有好话。近因穷苦不过，想起自己的本事，又有梦兆和签语，必有好处。

---

① 一作成德。

② 即奴仆。清人入关前，所获各部俘虏，都编为包衣，分隶八旗。

嘉庆八年（1803 年）闰二月，他得知仁宗将进宫斋戒，便于二十日早晨，身藏小刀，带儿子陈禄喝过酒后，由东华门绕到神武门（紫禁城北门），混在人群中观察动静，等待驾临。不一会，仁宗乘轿到顺贞门时，陈德即从神武门内西厢房南山墙后奔出，以利刃直扑仁宗。侍卫、护军章京等百余人皆震骇不知所措。御前大臣定亲王绵恩、额驸亲王拉旺多尔济等六人迎前围拿，陈德犹奋力格斗，将绵恩袍袖扎破，终因寡不敌众而被擒。审问时遍受严刑，最后凌迟处死，年四十七岁。两子皆绞死，但其子事先并不知情。

陈德案件，背景很简单，没有政治上的复杂内幕，起因主要由于贫穷加上愚昧，单枪匹马，凭一时狂热性的冲动。他说的做过几个奇怪的梦，“时常胡思乱想”，从心理学上说，不难解释。这些人都有精神上的病变，清代文字狱中，这类半疯癫的“狂人”很多。他说“起意惊驾，要想因祸得福”，似乎并非一定要刺死皇帝。究竟如何，已难明白。有人以为他是林清党，却非事实，从陈德的经历及供词看，没有宗教上的组织关系。不过，以一介无知的匹夫，居然直犯禁卫森严的銮驾，确也不可思议。事后谕旨中说：“然百余袖手旁观者，岂无朕之至亲，岂非世受国恩之臣仆乎？见此等事尚如此漠不关心，安望其平日尽心国事耶？朕之所惧者在此而不在彼，诸大臣具有天良，自问于心，能无愧乎？”这话倒很有道理，从这个小人物的行刺事件上，对清廷内部来讲确实是一个大暴露。

如上所述，陈德只是个人的行动，但此事的影响却是震动性的。到了嘉庆十八年（1813 年），又发生林清事件。

顺天府大兴县人林清，曾在北京药铺内当过学徒，故略懂医学。后来林清因嫖娼被药铺逐出，遂以打更为生。林清后又充当书吏，被革退后，便和姊夫合开茶铺。因赌钱折本，他被姊夫所逐，乃往南方当长随（即跟班），或做江湖郎中。最后，林清当了粮船上的纤夫，回到北京，充当小贩，开设鸟铺。嘉庆十一年（1806 年），林清加入荣华会，荣华会的坎卦教主郭潮俊因无能而被林清排挤，众教徒便奉林清为教主，改名天理教。林清很有口才，能施财营贿，在他当上教主后，其行为也有所约束。

嘉庆十六年（1811 年），林清南下至河南滑县，和从前在保定的同狱犯牛亮臣相见，进而认识了曾为木工、庸保的李文成等人。林清遂有举大事的图谋，打算帮李文成做“人皇”，自己“该做圣人”。

嘉庆十八年（1813 年）二月，李文成对教徒说：“你们好生用功，一劫能造万劫之苦，一劫也能修万劫之福。”（《平定教匪纪略》卷二十一）经过密谋后，李文成等人准备由东华门、西华门两路进攻紫禁城，并都有太监刘得财、杨进忠、王福禄等引路和接应。到了八月，因机密泄漏，李文成等被捕，宋元成等为营救李文成出狱，便提前起事。林清因不知其谋，仍拟在九月十五日进攻紫禁城。

九月十五日，因东华门护军觉察较早，遂闭关严拒，教徒闯进的仅十余人。入西华门约有八十余人，进而聚集于隆宗门，或手执白旗，登墙指挥。这时皇子们在上书房闻变，皇次子绵宁立命取撒袋、鸟枪、腰刀，并命太监登墙瞭望。不久，有手执白旗攀墙将跨养心门而进入的教徒，绵宁连忙用鸟枪击毙，再发再毙，贝勒绵志亦以铳续毙其一。经过两三天的激战和搜捕，这场变乱才始结束。这时仁宗本在南苑打猎，闻变回銮，于九月十九日回到紫禁城。

天理教即白莲教的支派，是一种秘密宗教，故被官方看作邪教。他们的成员大多是下层群众，素质良莠不齐。他们所崇奉的祖师爷也是不见经传、自我幻造的无生老母之类，在群众中反而更有号召力与鼓动性。促使他们反抗的前提是官逼民反，而且愈杀愈烈，这一点连皇帝也不得不承认，故而仁宗曾下诏罪己。所谓官逼民反，便是经济意义激成政治意义。

早在嘉庆三年（1798 年），洪亮吉曾针对白莲教等势力的活跃，上书痛陈时政的腐败，却被流放伊犁。不到一年，又被释回，仁宗以洪亮吉言为良箴，诏中说“自古惟闻用兵于敌国，未闻用兵于吾民，朕安可负洪亮吉之直言”，而将变乱的祸本推在和珅身上。这其实还是见树不见林，和珅为什么能成为致乱的祸本呢？正如孟森《明清史讲义》下册所说："故知去和珅为积年隐忍之憾，非真为去吏治之蠹也。"

林清事件，本非宫廷政变的范围，但其中有太监十二人参加，有的充当接应的内线，等于"后院失火"。太监本是皇家的忠实奴仆，经常接近至尊，出身则很卑微，易与外界的下层接触（士大夫看不起他们）。清代至仁宗时，对阉人的控制和约束还是很严格的，而林清之变，居然有太监多人参加，就像宫廷政变擦边球了。

（原载《清代宫廷政变录》，香港中华书局 1992 年 8 月版）

宣宗承统的真相

记载林清事件最翔实具体的史料，当推昭梿的《啸亭杂录》。

昭梿是清太祖第二子代善之后，嘉庆朝时授散秩大臣，袭亲王爵。林清之变时，他正在府邸中和家僮弈棋，闻变，连忙驰马入宫，因而对这一战役的现场实况，都是身经目击。昭梿事后写了一篇近万字的《癸酉之变》，收入《啸亭杂录》中，文笔生动明畅，故事性很强，也可看作是古代的“报告文学”。

文中说：“贼由门外诸廊房得逾墙窥大内，皇次子立养心殿阶下，以鸟枪击毙二贼，贝勒绵志亦趋入，随皇次子捕贼。”又云：“有刘姓者（指教徒）缚卧隆宗门侧，闻火枪声，自相怨艾曰：吾早言是物凶狠，终不能成事，若辈不听好语至此。”

皇次子即旻宁，就是后来的宣宗。鸟枪即鸟铳，是一种从西洋传入的火药，能远击，一说即明永乐时的神机枪。林清党所凭藉的只是老式的刀箭，当然不能和外来的鸟枪相对抗，那位刘姓教徒已有先见之明。

有的书上说，当旻宁闻变，急命太监取鸟铳御敌时，有暗通教徒的内监，给以空心的鸟铳。旻宁一看，急忙拆下衣上的银钮扣为子弹，才将爬墙的教徒击毙。这却说得太离奇了，衣服上的银钮扣，充其量只能使敌方受伤，不可能致死的。

其次，旻宁在这一战役中，固然立了大功，仁宗也褒扬他“有胆有识，忠孝兼备”，并晋封为智亲王，但有些书上将他的入承大统，认为和他以鸟铳击敌有关，这却与事实不符。

据王氏《东华录》载:“嘉庆四年四月初十日，仁宗遵密建家法，亲书上命，缄藏镭匣，默体先志，慎简元良。”可见仁宗于嘉庆四年(1799年)即已内定旻宁为储君，林清之变则在嘉庆十八年。但所谓“缄藏镭匣”云云，却与世宗以来密藏于乾清宫“正大光明”匾额后的祖制不同。那么，这镭匣究竟藏在什么地方呢?据说是托付于内侍的身边，实在太冒险了。正如孟森《明清史讲义》下册所说:“以内侍之身，当正大光明之匾，此一内侍，怀此重器，在宫中给事历数十年，以小人挟此神秘，其变幻何所不有。其未肇清室之大变者，别有天幸，谓为可作家法，可傲千圣百王，则真无知之见矣。”孟森说得极为警辟。

更奇怪的，仁宗暴崩后，这镭匣却遍觅不得。大臣搜索御箧，最后于内侍之身得之，而这个内侍为什么不在仁宗暴崩后明言呢?孟森又说:“若搜而不得，是否遂不立嗣君?以此言之，尤为出于情理之外，诚荒诞之甚也。”

《清史稿·戴均元传》记仁宗在热河病危时，“均元与大学士托津督内侍检御箧，得小金盒，启镭，宣示御书立宣宗为皇太子，奉嗣尊位，然后发丧”。则检匣事确为实情。包世臣《戴均元墓碑》亦云，仁宗崩后，从官多皇遽失措，“公与文恪(托津)督内臣检御箧十数，最后近侍于身间出小金盒，锁固无钥，文恪拧金锁发盒得宝书，公即偕文恪奉今上即大位”。

《清史稿》或据包世臣此文，世臣文自不敢虚构。不知仁宗当年为什么要这样做呢?

旻宁本名绵宁，即“绵”字排行。既登大宝，宣宗乃改“绵”为“旻”，改“宁”为“甯”，唯“甯”字虽音义皆同则不避讳。年号为道光。

邓之诚《骨董琐记》卷八《道光之立》云:“嘉庆二十五年七月戊寅，帝暴崩，无遗诏。内务府大臣禧恩，援立智亲王，是为成帝，禧恩由是贵幸无比。孝全选妃时，二次被摈，以为决不入选矣，遂字（许配）禧宁之子。末次忽中选，并专宠。禧宁于道光中叶得显官，畀重任，皆内援也。见《藕香簃别钞》。”孝全指宣宗孝全成皇后钮祜禄氏，初为嫔，后为贵妃，即文宗之母。禧恩为宗室。《清史稿·禧恩传》载，仁宗崩后，“禧恩以内廷扈从，建议宣宗有定乱勋，当继位。枢臣托津、戴均元等犹豫，禧恩抗论，众不能夺。会得秘匮朱谕，乃偕诸臣奉宣宗即位。”似乎宣宗之承大统，事先也有一番波折。实则仁宗有五子，嫡后（孝淑后喜塔腊氏）所生者只有宣宗一人，且是皇次子（第一子早殇），按照立储法，亦非此人莫属。

前人常以乾嘉并称，其实两者颇有区别，乾隆朝尚为盛世。嘉庆朝开始，渐露衰象，两次禁门之变，政治上经济上都出现大漏洞。从仁宗对诸大臣的痛责上，已可窥见当时官僚机体中所暴露的大臣的精神状态。到了道光朝，虽无重大的宫廷政变，然而外患内乱，相继纷起，山雨欲来，风满宫禁。至咸丰朝而有英法联军之入侵，文宗只得仓皇辞庙，最后驾崩于热河。接下来是两宫垂帘，“三凶”殒命，又把宫廷政变推向了高峰。所以，我们也可这样说：如果从宫廷政变的角度来看，道光朝是一个过渡阶段。

（原载《清代宫廷政变录》，香港中华书局 1992 年 8 月版）

外患与内变

清代道光朝以前的宫廷政变，都与外国无涉。但自 1840 年（道光二十年）鸦片战争叩开清廷的海疆，至第二次鸦片战争（即英法联军之役）后，几次政变都与外患有着错综复杂的关系。

道光三十年（1850 年），宣宗逝世于圆明园，皇四子奕詝（即文宗）嗣位，改元咸丰。当时御前大臣有载垣、端华及蒙古的僧格林沁亲王，并封皇六子奕䜣为亲王。

咸丰十年（1860 年）八月，英法联军侵入天津，文宗出奔热河，同往的有孝贞皇后钮祜禄氏、懿贵妃那拉氏（即孝钦后）。那拉氏本人曾劝阻文宗不要离京，这样才可以镇摄一切。大臣有载垣、端华、肃顺等，他们则坚持离京。京中的政务由奕䜣留守办理，于是有了两个政治中心。

载垣为圣祖之子允祥的后裔，袭爵怡亲王。端华为乌尔恭阿子，袭爵郑亲王。肃顺字雨亭，端华同母弟。咸丰八年（1858 年），肃顺任礼部尚书，仍主管理藩院事，后又调户部。载垣、端华，常诱导文宗娱情声色，肃顺之才远出二王之上。他治事果断，颇欲整顿积弊，力主严猛，认为过去的弊病在于太宽。他看不起满人，说他们糊涂不通，不能为国家出力，只知要钱，故非重用汉人不可。肃顺尤其主张以湘军抗击太平军，倚重曾国藩、胡林翼。左宗棠为湖广总督官文所劾，赖肃顺调护免罪。汉人文士如郭嵩焘、王闿运等皆出入其门，为他出谋划策。科场及户部两案，为咸丰朝最大刑狱，都是肃顺发动的，其中有罗织和株连之处。其人虽有识见，但骄傲专擅，权欲极强，所以怨谤丛集，树敌亦多。

肃顺在处理外交政策时，也是采取强硬的态度，如拒绝接受《瑷珲条约》，又拒绝割让乌苏里江以东给俄国。

英法联军撤离北京后，仍有六千名官兵留在大沽和天津。经过这场战争，以恭亲王奕䜣为首的一派创立了与西方的新关系，而在热河的君臣却对洋人极为仇恨，于是形成了两者之间的裂痕。

留京王大臣几次请文宗早日回銮，文宗始终不允，理由是恐怕洋人反覆，再来挟制。实际上文宗却在木兰行在观剧听戏，欣赏老生黄春全的《饭店》，张三福的《战潼关》，昆剧小旦严宝麟的《游寺》等。有一次，有个老伶工陈金崔教太监唱《闻铃》的《武陵花》曲，至“萧条恁生”句，“恁”应作去声，陈伶却读作上声，文宗指出他错误。金崔答道，系按照旧曲谱之声来念。文宗道:“旧谱固已误耳。”原来他的心神全放在听曲上了，这也使人想起李商隐《北齐》的“晋阳已陷休回顾，更请君王猎一回”的名句。

当时侍郎胜保曾上一疏，其中有云:“若木兰行在，不过供游豫之观，并非会归之地，暂幸则循旧例，久居则为创闻。……夫天下不患土崩而患瓦解，而其所患不在颛臾而在萧墙。欲皇上之留塞外者，不过左右数人，而望皇上之归京师者，不啻亿万计。我皇上仁明英武，奈何曲循数人自便之私，而不慰亿万来苏之望乎?”此疏在当时颇受人激赏，并已隐约指出载垣等人的私心。但文宗只批一“览”字，肃顺亦建筑私邸以为久居之计，因此始终不肯回銮。

后人曾以《尚书》中的“内作色荒，外作禽荒”二语移识文宗。当时国内的局势，不但“洋祸”余波未曾平息，国土主权，一再蹙损，而太平军的声势正威胁东南，民心惶惧，疮痍遍地。皇帝却还有这样的闲情逸致，说明国政的腐败，总是从最高层开始的。

《清史稿·文宗本纪》评云：文宗生不逢时，遂无一日之安，“而能任贤擢材，洞观肆应。赋民首杜烦苛，治军慎持驭索。辅弼充位，悉出庙算。向使假年御宇，安有后来之伏患哉？”（死时仅三十一岁）这些都是无话可说时的混话。末了这一句，也可能指后来孝钦的祸国，但文宗即使活得长命，也未必能制约住她。

文宗驾崩后才一个月，一场政变的风暴就此掀起。胜保所谓“不在颛臾而在萧墙”之患，也成为先见之明了。

（原载《清代宫廷政变录》，香港中华书局 1992 年 8 月版）

西太后初露锋芒

辛酉政变，是西太后初露锋芒的契机。

咸丰十一年（1861 年）七月十七日，文宗病危，召见御前诸大臣，传谕立皇长子载淳为皇太子，并派载垣、端华、景寿、肃顺、穆荫、匡源、杜翰、焦祐瀛“尽心辅弼，赞襄一切政务”。诸臣请文宗用丹毫手书，帝以手力已弱，不能执管，遂谕“著写来述旨”，所以遗诏中有“承写”字样，至卯时崩逝。文宗的皇后钮祜禄氏、琳贵太妃乌雅氏均曾奠酒而不及懿贵妃那拉氏。嗣皇帝载淳是那拉氏生的，这当然使她很难堪。但当日即由敬事房首领传旨：“钟粹宫皇后晋封皇太后”，此即钮祜禄氏，时年二十五岁。“储秀宫懿贵妃晋封皇太后”，此即那拉氏，时年二十七岁。又称钮祜禄氏为母后皇太后，那拉氏为圣母皇太后，这是援引明万历朝的故事。但那拉氏总觉得还有区别，不够称心，所以后来又上徽号，一称慈安，一称慈禧。

文宗晚年，肃顺等人的权势已超过各军机大臣，死后便以赞襄王大臣的身份统揽大权。肃顺和慈禧，性格上都属鹰派，俗语所谓“硬碰硬”，原是难以共存，都不喜欢还有比她（或他）更有权力的人。肃顺很得文宗的信重，隐察文宗有忌恨慈禧专横意，乘间以汉武帝对付钩弋夫人故事煽动文宗，文宗有所不忍。后来文宗醉中恼怒漏言，为慈禧闻知，把肃顺恨得刺骨。

文宗一死，慈禧便以肃顺专权事挑拨慈安，并力主两人一同垂帘听政。慈安以此举违反清室祖制，起先未曾答应，后被说动，但要她先征求恭王奕䜣的意见。恭王正想用事握权，便起程抵达行在。恭王祭文宗之灵后，太后将召见，载垣等竭力阻止，杜翰还当众说:“叔嫂当避嫌疑，且太后居丧，尤不宜召见亲王。”但因太后坚持，奕䜣乃约与端华同往。端华目视肃顺，肃顺笑曰:“老六！汝与两宫叔嫂耳，何必我辈陪哉!”奕䜣乃独往。两太后涕泣而道载垣等人之侵侮，因而密谋杀计。奕䜣认为非还京不可，太后说:“奈外国何?”奕䜣答道:“外国无异议，如有难，唯奴才是问。”

两宫、恭王、肃顺，本来都是“一家人”，这时却各人都有自己一本账，形成了微妙的三角关系。

当奕䜣回到京师前一天，御史董元醇已有一疏抵达热河行在，这便是轰动一时的请两宫垂帘疏。由于清室一向无太后垂帘之制，所以疏中以“事贵从权，理宜守经”开始。所谓从权，便是“皇太后暂时权理朝政，左右不能干预，庶人心益知敬畏，而文武臣工俱不敢稍肆其蒙蔽之术”。董疏中又有“垂帘之仪”语，将应用“制”字而改用“仪”字，亦掩耳盗铃的手段。

董元醇此疏，固为投机希旨而发，但上的时间太早了，恭王还没有布置妥帖，只好“留中”。而载垣等已极为愤慨，便拟一旨驳斥，并说:“赞襄幼主，不能听命太后，请太后看折，亦系多余之事。”杜翰甚至说:“若听信人言，臣不能奉命!”其他诸人，语亦多激烈，声震殿陛。太后为之震怒手颤，幼主因惊怖啼泣，遗尿于太后衣。

八月十四日，钦差大臣胜保自京畿抵行在，乃受奕䜣邀结而来。胜保这时任兵部侍郎，亲自督练京兵。胜保此行对肃顺有示威意，对两宫则为壮胆。

薛福成《庸庵笔记》载，“两宫俟恭亲王行后，即下回銮京师之旨，三奸力阻之，谓:‘皇上一孺子耳，京师何等空虚，如必欲回銮，臣等不敢赞一辞（肃顺所以不让两宫回京，怕回京后不容易制伏慈禧）。’两宫曰:‘回京设有意外，不与汝等相干。’”随即两宫命令准备车驾，并派肃顺、奕谡等护送梓宫回京（这也是密定之计）。两宫及幼主在大行皇帝灵前行礼后，即启程回京。九月廿九日，至德胜门，慈安偕幼主同乘一轿，慈禧轿在后。

这时恭王授意大学士贾桢、周祖培（在户部时，屡受肃顺凌辱）等联名上疏于前，胜保之疏又同时抵京。两疏的焦点便是：一、控诉载垣等人的专擅，二、请两宫垂帘听政。

两太后即密召恭王面询一切。接着，又将在热河草就的谕旨宣布。旨中除含混地痛斥载垣等无人臣之礼外，只解除八大臣赞襄政务的职任。

到了十月初，诸大臣会议载垣等罪名，久不能决，后由刑部尚书赵光抗论，以为应照大逆不道律凌迟处死。上谕则改载垣、端华赐令自尽，肃顺斩立决。

肃顺是在护送梓宫的途次、留驻密云县时被捕的，由密云而押解宗人府。《庸庵笔记》云，“肃顺瞋目叱端华、载垣曰：‘若早从吾言，何至有今日？’二人曰：‘事已至此，复何言？’载垣亦咎端华曰：‘吾之罪名，皆听汝言成之。’故论者谓，三凶之罪，肃顺尤甚，端华次之，载垣又次之。”黄濬《花随人圣盦摭忆》云：“以肃顺之才识论之，亦必早知西后之不相容，而有先下手之意，惜怡、郑两王庸才，不能从，故同及于难。”后人亦颇有为此案鸣不平的。《摭忆》又引王伯恭《蜷庐随笔》，极称肃顺之学术经济，迥非时人之伦，因而称此案为冤案。王闿运《祺祥故事》载，肃顺“临刑骂不绝，卒以拦阻垂帘，斩于市，而赐二王死，一时无识者谓之三凶，即诏旨亦不知垂帘之当斩也。”末两句意谓，将载垣、端华、肃顺谓之三凶，那是无识之人，应当斩的倒是主张垂帘的人。王闿运在文中后段，对恭王好财货，颇有微词。王闿运曾入肃顺之幕，被待以国士，所以为肃顺鸣屈。《清史稿》评肃顺云：“其赞画军事，所见实出在廷诸臣上，削平寇乱，于此肇基，功不可没也。自庚申议和后，恭亲王为中外所系望，肃顺等不图和衷共济，而数阻返跸。文宗既崩，冀怙权位于一时，以此罹罪。赫赫爰书，其能逭乎？”

爰书指记录罪犯供词的文书。意思是说，既然文书上赫然地记载了罪状，那还躲逃得了么？似也含皮里阳秋之意。

肃顺的骄横专断固是事实，但当时如果由他们一派来当权以扶幼主，晚清的政局或许不至败坏到这个地步。虽然这话到现在来说，也没多大意思了。

综观肃顺等人所以失败的原因，约有这几点：一、恭王奕䜣是当时亲贵中最负声望的人物，于幼主载淳为叔父，而恭王因曾与洋人谈判和议，颇有周旋，这时实际上已得洋人的认可和支持。所以他对太后的答词有“唯奴才是问”的话，即俗语所谓“保在我身上”。胜保奏疏中也有“且恐外国闻知，亦觉于理不顺，又将从而生心，所关甚大”云云。这一点，很值得我们重视：过去的几次政变，根本不考虑什么洋人、外国，这说明这时外国人的压力和影响，已深入到政变内部。二、除外国人外，恭王又得到胜保等手握兵权的武臣支持。三、当时诸王大臣中，对西太后也有憎恶的，但她毕竟是嗣君的生母，既然要忠于嗣君，也不得不忠于其母。萧一山《清代通史》下册云：“而两太后，八辅政，一亲王，又系鼎足三分之局。以势力论，则北京（指恭王）较优，以名分言，则行在（指两太后所在的热河）为正，二者合而为一，则辅政之势孤矣。”这是说得很中肯的。慈禧能利用和联络恭王，这也是棋高一着之处。四、肃顺平日行事，也有不得人心地方。《庸庵笔记》记肃顺被押赴刑场时，“过骡马市大街，儿童欢呼曰：‘肃顺亦有今日乎？’或拾瓦砾泥土掷之。顷之，面目遂模糊不可辨云”。在肃顺主导的科场、钞票两案中，无辜受害者尤多，京中听到杀肃顺，皆交口称快。

总之，就各方面条件而论，肃顺一派是处于劣势的。

（原载《清代宫廷政变录》，香港中华书局 1992 年 8 月版）

垂帘与女权

《东方杂志》第九卷第一期与第二期，曾经刊载《清宫秘史》，编辑发表的人署名高劳。据高劳说："涵芬楼近购得端肃遗事秘札一册。皆当时直（值）行在军机者与北京当路之秘密书札，凡十余通。札中多作隐语，非稔其事者，勿能详焉。……此亦清宫之秘史也。择其较有关系者，录之如左。"高劳即选了十二通，人称"热河密札"，乃是极其重要的晚清史料，谈辛酉政变者皆必提到。密札的发信人和收信人是谁呢？虽经专家考释，至今尚不能全部确定，其中还有许多隐语、代号，如"宫灯"，有时指肃顺，因"肃"字形如宫灯；有时指恭王奕䜣，因宫、恭同音。密札作者，前十一札当是恭王一派，第十二札当是肃顺一派。

一九三二年，日军侵略上海，东方图书馆被毁，密札成为灰烬。黄濬《花随人圣盦摭忆》曾抄录《东方杂志》所载之密札，并略加注释。北京中华书局的《近代史资料》第一期，又据《摭忆》转载。

下面举第一札为例：

玄宰折请明降垂帘旨，或另简亲王一二辅政。发之太早，拟旨痛驳，皆桂翁手笔。递上，折旨俱留。又叫有两时许，老郑等始出，仍未带下，但觉怒甚。次早仍发下。复探知是日见面大争。老杜尤肆挺撞，有"若听信人言，臣不能奉命"语。太后气得手颤。发下后，怡等笑声彻远近。此事不久大变，八人断难免祸，其在回城乎。

密之密之。

玄宰指上垂帘疏的御史董元醇。“另简亲王一二”指恭王等。桂翁指焦祐瀛字桂樵。“拟旨痛驳”的旨是肃顺一派拟的，所以递上后，折与旨都被“留中”。“叫”为“起叫”的省称，即召见。老郑指郑亲王端华。怡等指怡亲王载垣等人。这几句指痛驳的拟旨，经过载垣等人和太后的面争，终于发下，故而得意狂笑。这是双方冲突的开始，但发信人已料到“八人断难免祸”。

密札的第十二通很重要，但字数较多，摘录于下：

诸事母后颇有主见（实际上东太后是无主见的人），垂帘辅政，盖兼有之。……风闻两宫不甚惬洽，所争在礼节细故，似易于调停也。

夫己氏声势大减，诸所钻求，不敢轻诺，六兄来，颇觉隆重。单起请见，谈之许久，同辈亦极尊敬之。已定拿车二百辆，于八月初十日齐备。主位先行陆续回家，以免临时阙乏。……此处恭理约四十余人，大约行在有劳绩者均已列入，以便并案出保，以省头绪。

母后指东太后钮祜禄氏，她比西太后圆通谨慎，札中所谓“垂帘辅政盖兼有之”，即是对两宫对八大臣都照顾到了，俗语所谓“摆平”。“风闻两宫”这三句，当是指祭文宗之灵奠酒时，有皇后而不及懿贵妃事，也见得东西两太后的矛盾早就存在了。

“夫己氏”（典出《左传》）犹言某甲，不明指其人，常寓贬斥之意，这里指西太后，透示了八大臣对两太后的态度（这一通密札作者是八人派）。六兄指恭王，他的排行是第六。“单起请见”事详见前一篇。“恭理”指护送文宗灵柩回京事，其中即有肃顺，故下文接以“行在有劳绩者”。

全部密札的重心在垂帘，而垂帘之制，并非晚清才开始，今天又应当怎样看待呢？

老王死了，嗣君年幼，由太后督导听政，听取大臣的奏报，审阅重要的文件，就今天的观点来看，有什么争论的余地呢？然而在中国的封建社会里，由于政委妇寺（寺指寺人，即太监）、牝鸡司晨、唯女子与小人为难养也等等一些偏见野话的影响，士大夫一闻垂帘，惶惶然如见不祥之兆。所谓垂帘，就是在皇太后座位前垂列八扇黄色纱屏①，这一制度本身就体现了对女性的歧视，为什么皇帝临朝时用不着垂帘呢？

北宋的宣仁太后高氏是垂帘的先驱人物，曾有"女中尧舜"之称。她固然是旧党的后台，但为人还是正派的，因而得到许多正直的士大夫的拥护，这说明垂帘并非什么大缺德的坏事情。否则，即使属于同一集团的司马光，以他的倔强固执，也会拼死力争的。

外国的女王时代，人民对她们的评价，只在政治倾向或个人行为上，而不在性别上，不因她们是女性而予以额外的负荷。署名赘漫野叟的《庚申夷氛纪略》中有这样一段话："英之国王皆女主，进御男夷，不一而足。生男则出赘，生女留以嗣位，洋钱所镌人头，即其国王之像，是女形也。"此处的庚申，即英法联军时的一八六〇年，也即辛酉政变的前一年。文中寥寥数语，已足暴露当时士大夫的眼界、学识和心态。由于这时正值英国的维多利亚女王时代，便武断说"英之国王皆女主"，而引起作者那种歧视鄙视、大惊小怪心理的原因，就因国王是女性的缘故。

后人曾以清初的孝庄与晚清的孝钦对比：孝庄生前未垂帘，孝钦则反之。孝庄和孝钦的功过，史家已有定评，但垂帘与否，不能以此作为两人优劣的依据。而且顺治、康熙两朝，孝庄对朝政实质上是干预的，过问的，所以胜保疏中说孝庄"无垂帘之名，有听政之实"。

总之，问题不在是否垂帘，而在由什么人垂帘。孝钦的垂帘，就成为家门不幸了。辛酉之变，固有权力上的争夺，也有性别上的冲突。

---

① 《清宫述闻》引《翁文恭日记》：帘用纱屏八扇，黄色。同治帝在帘前御榻坐。一说垂帘听政时，太后坐于大殿，座前以黄丝帘障之。召见人员，皆不能见，诸臣若有失仪，两宫皆可窥见。

还有一点需要指出，无论是北宋的高氏或晚清的那拉氏，她们的垂帘听政，并非自觉地为了维护女权，争取女权，相反，她们自身还是不能摆脱对男性的人格依附。但历代士大夫反对垂帘，仅仅因为垂帘的皇太后是个妇女的缘故，一见女权露了头，总要找出种种理由来压制。中国的历史多了一重复杂性，这一重就是在性别问题上老是纠缠不休。

（原载《清代宫廷政变录》，香港中华书局 1992 年 8 月版）

恭王与慈禧

文宗奕詝和恭王奕䜣都是宣宗儿子，都有做嗣君的资格。奕詝是第四子，孝全皇后钮祜禄氏所生。奕䜣是第六子，孝静皇后博尔济吉特氏所生。宣宗于道光二十六年（1846年）六月十六日，于“封名镉匣”时有两谕，一立奕詝为皇太子，一封奕䜣为亲王，开清朝建储家法未有之例。奕詝即位，即封奕䜣为恭亲王，并将宣宗朱谕宣示，命编入《实录》。

王闿运《祺祥故事》云：

> 恭忠王母，文宗慈母也，全太后以托康慈贵妃（即博尔济吉特氏，当时尚为贵妃），贵妃舍其子而乳文宗，故与王如亲昆弟。即位之日，即命王入军机，恩礼有加，而册贵妃为太贵妃，王心慊焉，频以宜尊号太后为言，上默不应。会太妃疾，王日省视，帝亦省视。一日，太妃寝，未觉。上问安至，宫监将告，上摇手令勿惊。妃见床前影，以为恭王，即问曰：“汝何尚在此，我所有，尽予汝矣，他（指文宗）性情不易知，勿生嫌疑也。”（不要恭王常进宫，免得引起文宗猜忌）帝知其误，即呼“额娘”（满语，即娘、妈），太妃觉焉。回面一视，仍向内卧不言。自此始有猜，而王不知也。又一日，上问安，入，遇恭王自内而出，上问病如何，王跪，泣言已笃，意待封号以瞑，上但曰“哦”！“哦”！王至军机，遂传旨令具册礼。所司以礼请，上不肯

却奏，依而上尊号，遂愠王，令出军机，入上书房，而减杀太后丧仪，皆称遗诏减损之，自此远王，同诸王矣。

文中的“慈母”是按照古礼的一种特定称谓，指抚育自己成长的庶母，与“慈母手中线”的“慈母”是两种涵义。但“贵妃舍其子而乳文宗”一语，却与事实不符。因孝全后死时，文宗已十岁，即使是婴孩，也不可能由后宫贵妃亲自哺乳。应如《清史稿·孝静成皇后传》所载，“妃抚育有恩”。

文宗在热河病笃时，恭王希望能见一面，文宗手批奏疏云：“相见徒增伤感，不必来觐。”即是不满于恭王的表示，所以肃顺等拟遗诏时，没有将恭王列为顾命大臣，但位列顾命八大臣第三名的景寿，则为康慈贵妃的女婿（即额驸）。

据《晚清宫廷生活见闻》中恽宝惠的《关于慈禧太后“垂帘听政”之因果》篇所记，咸丰五年（1855年）七月，贵妃病剧，尊为康慈皇太后，越九日而逝世。文宗服缟素二十七日，青袍褂百日，一切均按后礼办理，上谥号曰孝静，不系庙谥[①]，并于奉安东陵后，神牌回京，升祔（祭奠）奉先殿，不祔太庙。此乃情礼并尽，无可非议。而奕䜣力争，谓既已称后，即应祔庙，并称庙谥，兄弟意见冲突。文宗特下谕，将奕䜣军机大臣、宗令等职务悉予开去，毋庸恭理丧仪。此为文宗与奕䜣失和之始。

但在辛酉政变时，慈禧因为要笼络奕䜣，曾授以议政王名义，食亲王双俸，并免去召对叩拜、奏事书名之礼，暗中对奕䜣很是猜忌。这时安德海正想恃宠弄权，而奕䜣则功高位尊，安德海便在慈禧前进谗中伤奕䜣，慈禧遂借故罢奕䜣议政王之位。后经惇亲王绵恺、醇亲王奕谖等人的力争，恢复了一部分名位，却不恢复议政王名义。这是同治四年

① 宣宗的庙谥为“成”，孝静若系庙谥，应作“孝静成皇后”，当时只作孝静皇后，但后来还是系上庙谥。

(1865年）事，也是慈禧向恭王立威的第一着。

同治八年（1869年），安德海奉慈禧之命赴广东采办龙衣，沿途放荡招摇，带有女乐，品丝调竹。安德海至山东境，被巡抚丁宝桢扣押，被就地正法，也算替六爷出了口气。

光绪六年（1880年），太监违禁携物品外出，为护军拦阻殴辱，此原为数百年之门禁规例。而宫监为慈禧所遣，以赠送物品与母家，慈禧乃大怒，严谕当值护军处斩，首领革职。命下之日，朝廷骚然。张之洞、陈宝琛等皆上书力言，恭王亦以为不可，致与慈禧争辩。慈禧曰："汝事事抗我，汝为谁耶？"恭王曰："臣是宣宗第六子。"慈禧曰："我革了你。"恭王曰："革了臣的王爵，革不了臣的皇子！"慈禧无以应。（见金梁《清宫外传》引《皇室见闻录》）这又是一件和太监有关的故事，而慈禧和恭王之间的矛盾也更加深重。对于帝皇或后妃，有时臣下因政见上的纷歧而获罪受罚，有时就因触犯了他（她）们的私人细故而遭忌积怨。

次年三月，慈安逝世，年四十五，谥孝贞。她的死因，后人也有一些传说，恽毓鼎《崇陵传信录》云：

> 相传两太后一日听政之暇，慈安忽语慈禧曰："我有一事，久思为妹言之，今请妹观一物。"在箧中取卷纸出，乃显庙（指文宗）手敕也，略谓叶赫氏祖制不得备椒房[1]，今既生皇子，异日母以子贵，自不能不尊为太后，惟朕实不能深信其人，此后如能安分守法则已，否则，汝可出此诏，命廷臣传遗命除之。慈安持示慈禧，且笑曰："吾姊妹相处久，无间言，何必留此诏乎？"立取火焚之。慈禧面发赤，虽申谢，意怏怏不自得，旋辞去。

---

① 叶赫本女真部族名，后灭纳（那）拉部，遂以那拉为氏，再后叶赫为建州女真（满洲的前身）所灭，清太祖因谕以后叶赫部的女子不得进后宫。慈禧即出叶赫一系，故云。

后来慈禧便遣太监向慈安进赠克食（满语，牛奶饼之类），慈安吃了就此殒命。

恽氏曾官翰林，自序中说“事先帝（指德宗）十九年”，所居皆史职，是德宗时的旧臣，后为遗老。自序中又说:“至若赤凤之谣，杨华之歌，怨口流传，几成事实，宫廷隐秘，姑从阙如。”赤凤指汉代赵飞燕事，杨华指北魏胡太后事。赵、胡都是历史上著名的有秽行的太后，这里指慈禧。

慈安是否被慈禧毒死，至今尚是一谜，但恐非事实。而慈安为慈禧所忌，则由来已久。慈禧私德上的不检，入民国后，议论纷纷，只是有的传说，过于荒诞。如萧一山《清代通史》下册《慈安被弑与恭王罢黜》所记，慈禧曾经小产，薛福辰（福成之兄）曾诊其脉，投以疏瀹补养之品。慈安之死，萧氏似谓与此事有关。据《清代通史》载，慈禧小产在光绪七年（1881年），这时她已四十七岁（她比慈安大二岁）。即此一端，便说明此事不可信。

民国以后，慈禧私德之所以特别为人渲染夸述，原因不外这几点：一是出于排满反清的动机，把对方说得越丑越痛快。二是戊戌维新失败，帝党一些旧人，发泄怨恨的情绪，恽毓鼎便在序中将慈禧与赤凤、杨华故事并提。三是慈禧既是一个寡居的女主，而性格、行为又狠辣强悍，奢侈放纵，善于玩弄权谋，发动政变，更易成为众矢之的。

（原载《清代宫廷政变录》，香港中华书局1992年8月版）

慈禧纵横谈

少女时代的慈禧究竟如何美丽，我们已经无法看到。今天能从照片上见到的，却是她老气横秋的严肃尊容，但她的才干和手腕，却在少妇时代已露锋芒。当时已有东宫以德、西宫以才之说。她的一生，发动了两次政变，即辛酉政变（1861 年）与戊戌政变（1898 年），而前一次更是你死我活的斗争，以孤儿寡母之身，终于将政敌八大臣击败，没有出众的才能，很难取得胜利。没有辛酉政变，也没有日后的戊戌之变。

咸丰帝在热河病亡后，政局重心形成鼎立之势，即在热河的两宫、辅政八大臣与在北京的恭亲王。以名分言，自以两宫的行在为正，而所谓两宫，又以西宫为主。以势力论，则以恭王为优，因他正在与洋人谈判，和议不成，回銮即无望。慈禧却内结慈安，外联恭王，合名分与势力为一体，八大臣虽顾命之尊，亦难以抗衡，不久便成为阶下囚。

慈禧与肃顺的性格都属鹰派，两人是硬碰硬。咸丰帝在世时，肃顺曾密疏请咸丰帝效汉武帝处死钩弋夫人故事，留子去母。后来被慈禧知道，自然是极大刺激，因而对肃顺恨之刺骨，所以她对肃顺的仇恨，不仅仅由于政治上的对峙。

咸丰帝卒后，慈安和琳太贵妃乌雅氏都至灵前奠酒，慈禧却临不到，这很使她难堪。所以热河密札第十二通，有“风闻两宫不甚惬洽，所争在礼节细故，似易于调停也”语。当日即由敬事房传旨：钟粹宫皇后晋封皇太后，储秀宫懿贵妃晋封皇太后。钟粹为东六宫之首，储秀为西六宫之首。当时东宫年二十五，西宫年二十七。又称东宫为母后皇太后，西宫为圣母皇太后，这是援引明万历朝故事。圣母固亦尊称，这里却意味着身份上的区别。幼主明明是她所生，封建社会一向讲究母以子贵，她却不能称为母后，像慈禧这样鹰派的女人，怎么会甘心呢？所以后来又有慈安、慈禧的徽号，或即所谓“调停”了。

两宫从热河启程，同治帝还是一个娃娃，和慈安坐在同一辆车上，慈禧另坐一辆。母子异车，虽亲反疏，我们设身处地为她着想，心里会平静吗？哪一个女人能容忍得了呢？然而她却只能容忍下来。这些一而再的心理上的抑制，必然使她对权欲发生更强烈的追求，最终发展为心理上的失控。

到了戊戌变法时，康有为在与英国传教士李提摩太书中说：“伪太后在同治则为生母，在今上则为先帝之遗妾耳，岂可以一淫昏之宫妾而废圣明之天子哉。”兵部侍郎旗人长麟也说过这样的话：“太后虽穆宗皇上之母，而实文宗皇上之妾，皇上（指光绪）入继大统，为文宗后。凡入嗣者无以妾母为母子礼，故慈安皇太后者，乃皇上之嫡母也（按，这时慈安已逝世）。若西太后，就穆宗朝言之，则谓之太后，就皇上言之，则先帝之遗妾耳。本非母子，皇上宜收揽大权。”这话也是不能服人的。光绪帝承咸丰帝之统，慈禧、慈安即是光绪之母，既然承认慈禧为皇太后于前，怎么到了同治帝死后，光绪帝即位，忽然降为先帝之遗妾了呢？如果因为她是先帝之遗妾不能为太后，那么，当初先帝遗妾之子，根本就不应该做皇帝。慈禧于同治朝为太后，这是不争的事实，她的专权顽固同样是事实。帝党要她还权，不能不在嫡庶、妻妾的名分上做文章。按照这种说法，慈安最初何尝不是妃嫔出身？而且根本不曾生过儿子。所以，有人说，太平军只动摇清朝的天下，帝党却威胁到慈禧个人的安全。

另一方面，又说明正因光绪非慈禧亲生，故而给外间多了一重口实。帝党即使不说，慈禧本人早就意识到。当初肃顺等人与慈禧作对，未始没有身份上的歧视轻视因素。慈禧是女主，女主本身是女人，女人有女人最忌讳最隐恨的事情。虽不能明言，却最怕触动，因而一碰和她作对的人，这种敏感更加上升，成为一种本能。这种心理上积累下来的压力，加上性格上的强硬泼辣，便会由自卑曲变为反常的自尊，谁都必须听她的话，甚至产生虐他性的报复心理。报复的对象又很广泛，手段很残忍，对付珍妃即是一例。据说她曾讲："谁叫我不痛快一下子，我就叫他不痛快一辈子。"这种话听起来也够令人毛骨悚然了。

慈禧守寡时很年轻，同治帝虽然童昏不成器，毕竟是她亲生的，不幸早年夭折。入嗣的光绪帝又不听她的话，不是一般家庭的母子不和，而是关系到谁来主宰大清朝的"神器"之争。帝王之家的父子不和、母子不和、夫妻不和、嫡庶不和，就会使天下大乱，万民遭殃。双方动了肝火，纠纷也就日益激化，而心理上的负气，是一个重要的因素。任何涵养功夫不到家的人，要做到不负气是大不容易的。

从辛酉之变到戊戌之变，慈禧由少妇而变成老年的寡妇。虽然她从胜利走向胜利，但其在性格上心理上却发生逆反的变化。慈禧晚年的种种作为就很难见谅于历史了。

（原载《伸脚录》，辽宁教育出版社 1996 年 1 月版）

慈禧与恭王

连续剧《少女慈禧》播出后，慈禧与恭王之间的恋情，引起了观众的兴趣。从历史事实看，就未免唐突古人了。

慈禧私生活上的风风雨雨，已经够多了，但她与恭王奕䜣的恋情却是闻所未闻。相反，慈禧临朝后，恭王曾两次受到排斥。

咸丰帝与恭王是异母兄弟。咸丰帝幼年丧母，由恭王生母孝静后抚养。孝静死后，恭王屡向咸丰帝争其母封号，兄弟因而失欢。咸丰帝在热河病重时，恭王驻北京，要求见面。咸丰帝因前憾而未允，叫他“不必来”。咸丰帝逝世，两宫召见恭王至热河进见，端华、肃顺先以太后居丧，叔嫂不应通问为理由而阻止。但两宫因急欲利用恭王，几次令太监传旨召见，恭王便请与端华同往，以释其疑。端华目视肃顺，肃顺笑道:“老六! 汝与两宫叔嫂耳，何必我辈陪哉!”恭王只得独往，两宫于是涕泣而道肃顺等欺侮之事，并密谋剪除，恭王又力请两宫回京，保证不受外国干涉。这就是说，如果咸丰帝不死，恭王不可能在热河与慈禧见面。

后来“三凶”被剪除，和议告成，恭王得到外国人的支持，宫中大小事务皆集于一身。恭王又不以功高震主为戒，因而引起善用权谋的慈禧嫌忌。

同治四年（1865 年），蔡寿祺上疏劾恭王揽权、受贿、徇私、骄淫，慈禧曾当面告诉他“有人劾汝”，并将奏折出示。恭王不谢，坚问何人所上。慈禧说是蔡寿祺。恭王失声道:“蔡寿祺非好人”，还想逮治他。两宫大怒，慈禧即手草一道别字连篇的诏书谴责。后经诸大臣说情，仍命恭王在内廷行走，管理各国事务衙门，但他的议政王军机大臣实权已被撤去。一说恭王获谴，实由在两宫前举止傲慢之故，如自恃亲贵有功不俟传旨而入宫。有一次，慈禧将话说完后，恭王假作未闻，请她重说。慈禧垂询时，他常抗声致答。这都是使慈禧恼怒的积因。所以，蔡寿祺的疏劾，只是一个因头，慈禧后来甚至说:“我听到他的名字就头痛。”如果两人曾有爱情，何至如此?

光绪十年（1884年），法军侵越南，恭王不主张出兵，朝臣交章论劾，慈禧责恭王萎靡因循，乃罢其军机大臣之职，停双俸，回家养病。光绪二十年，日本侵朝鲜，慈禧又起用恭王管理涉外事务，并办理军务。但这时恭王已老而多病，至二十四年（1898年）而病逝。《清史稿》以“纯臣”称之。

陈琰《艺苑丛话》云:“恭忠亲王善文翰，尤工集句。某年以某某之谮，遂出军机，赋诗一绝，其结句云：‘手拍阑干思往事，一场春梦不分明。’可谓怨而不怒。又赋感事诗，结句云：‘乱烟乔木是神州。’婉而多风，与剑拔弩张者有别。”亦可见恭王当时之心境，徐世昌《晚晴簃诗汇》所谓“缪口哓音，见于言表”。

孝庄与多尔衮是否由叔嫂而通婚，至今仍是疑问，不想现在又有慈禧恭王通情的“轶事”。但也说明，恋情在戏剧影视中的磁力作用，没有它，荧屏只能发光却无吸引力。

（原载《伸脚录》，辽宁教育出版社1996年1月版）

变法与政变

戊戌变法，是从康梁的角度说的，有的却作戊戌政变（如梁启超的《戊戌政变记》）。这固然也通，因为政变也发生在戊戌那一年，却是矛盾的另一面了。前者是阳谋，后者是阴谋；前者的主角是帝党，后者是后党，而从变法到政变，则是一个逆反性的负面过程。当然，如果变法成功，也可以说是一场政变，但性质不同，是非有别。本书则侧重于政变部分。

就慈禧和德宗之间的矛盾来说，固然有政见上的歧异，权力上的冲突，另外也有一些错综复杂的伦理上的因素。

穆宗是慈禧所生的唯一儿子，德宗不是她亲生的，是她的侄子。德宗以堂弟而承堂兄之统，全是出于慈禧别有用心的策划。当时正值内乱外患接踵而起，国赖长君，她却偏要立一个四岁的娃娃来做皇帝。她本来已经归政（引退）了，到了德宗即位，又与慈安一同垂帘听政，慈安只是象征性的听政。

德宗成长后，对自己继位的来龙去脉逐渐明了。他对慈禧，一面很驯服尊敬，一面深怀戒惧之心，因为慈禧毕竟不是他亲娘，她既然会立他，说不定有一天会废他。一道阴影早就抹上少年皇帝的心头。慈禧呢，同样有着放不下的疑忌心理，因为德宗不是自己十月怀胎生出来的。这种心理上的距离，皇家也好，民间也好，都是很难避免。加上皇家权力上的冲突，更容易走向极端。

慈禧和德宗的年龄相差三十六岁。光绪二十年（1894年），慈禧六十寿辰，德宗还是二十四岁的青年，如果在现代，大学才毕业，慈禧在各方面已经定型了。这也影响了两人在接受新学说、新事物上的差别，从而导致了意识形态上的差异。例如德宗接触了一些西学知识，对李提摩太翻译的马西恳的《泰西新史揽要》很感兴趣[①]。慈禧的仇外心理很顽强，而且不是一朝一夕造成的。说来可怜，自从鸦片战争以来，自大惯了的中国确实吃了洋人的好多苦头。

邓之诚《中华二千年史·戊戌变政》云："母子失和，关键在西后不肯作闲人。"说得很风趣很幽默。不肯作闲人，便是权力不放手。

如果这种权力冲突，只局限于母子两人之间，也许不至发展到后来那样火爆。但在戊戌变法时，壁垒森严的帝党后党两大集团，已经对立，最后便带来了一场人头落地的政变。

梁启超在《戊戌变法记》第二篇《光绪二十年以来废立隐谋》中，历举慈禧剪除德宗羽翼六端：

一、革去抗疏上奏的御史安维峻之职，并遣戍张家口。疏中说，太后既已归政于皇上，则一切政权不宜干预，免掣皇上之肘。革职的上谕，由德宗出面，实际上是由太后下令，德宗下旨，其他一些惩处变法官员的谕旨，都是使用这种方式。

二、革去瑾妃、珍妃的妃号，并褫衣廷杖。妃嫔而受廷杖，这是清制所未有的。

三、革去翁同龢毓庆宫差事，使他不能与德宗密谈。毓庆宫为德宗书房，同龢为德宗师傅，所以相见时没有其他大臣。

四、革去工部侍郎汪鸣銮、兵部侍郎长麟之职[②]。鸣銮与同龢友善，也力主巩固帝位。长麟为旗人，他曾说过这样的话："太后虽穆宗皇上之母，而实文宗皇上之妾。皇上入继大统，为文宗后。凡入嗣者无以

---

① 李提摩太，英国人，由英国浸礼会派遣来华。康有为曾建议请其任德宗顾问，德宗且拟召见，后因后党密谋政变，未果。

② 据上谕所载，革职时汪鸣銮为吏部侍郎，长麟为户部侍郎。

妾母为母之礼，故慈安皇太后者，乃皇上之嫡母也。若西太后，就穆宗朝言之，则谓之太后，就皇上言之，则先帝之遗妾耳。本非母子，皇上宜收揽大权”云云。长麟如果确实说过这些话（否则，也是维新派说的），只革他的职，还算宽容的。而且，既然承认西后在穆宗朝是太后，就得承认在德宗朝同样是太后，不能因为临到德宗继统，慈禧就成为“先帝之遗妾”。慈禧于文宗逝世后为两宫，为太后，这是客观事实，对她专横揽权的指责，不应在这些方面做文章。另一方面，又说明正因德宗不是她亲生的，就给外间多了一重口实。长麟即使没说过，慈禧本人也会意识到。

五、革去侍读学士文廷式职，永不叙用。文廷式曾入广州将军长善幕府，与长善嗣子志锐、侄志钧相友善，而二人皆侍郎长叙之子，瑾妃、珍妃之胞兄。文廷式又劾李鸿章主持马关和议，为后党疾恨。但梁氏谓文廷式曾教授瑾妃、珍妃，则非事实。

六、处斩奏事处太监寇连材。寇连材本是慈禧派往窥探德宗密事，但他深明大义，反请太后勿掣德宗之肘，又请勿纵流连之乐，因而触太后之怒。但此事不知道是否真实？

康梁与慈禧为政敌，他们笔下的记述和评论，往往意气用事，附会失实。但梁启超说的慈禧要剪除德宗羽翼，作为废立的步骤，大致可信。不过，我们看看这些羽翼，都没有一个是具有实力、手握兵权的人。翁同龢是帝师，已入军机，忠实于德宗，也较有头脑，但他使用的是软刀子，而且对康梁的政治主张并不完全同意。即使加上梁文中未列入的康梁本人及六君子等，也都是文士而无兵力。

要改变国家体制、建立政治上的新秩序、制虎视的政敌以死命，就必须有真刀真枪作后盾。老佛爷原是一个老妇人，长期深居宫中，很少与社会接触，她发动的政变所以成功，就不是依靠文士。

（原载《清代宫廷政变录》，香港中华书局 1992 年 8 月版）

帝党与后党

德宗是很想改变现状的，但在戊戌变法以前，他是孤立的，真正是个孤家寡人。唯一效忠于他的是师傅翁同龢。但翁氏受传统的伦理道德教养很深，对太后，他是绝对不会做贰臣的，德宗本人，其实也不敢激怒慈禧。这也是变法的先天软弱性。

恽毓鼎在《崇陵传信录》的序中说："缅维先帝御宇，不为不久，幼而提携，长而禁制，终阏损其天年。无母子之亲，无夫妇昆季之爱，无臣下侍从宴游暇豫之乐，平世齐民之福，且有胜于一人之尊者。毓鼎侍左右近且久，天颜戚戚，常若不愉，未尝一日展容舒气也。"这也许是德宗要变法图强的心理条件。不但国家的前途，就是他个人的积弱也可由此而摆脱，使"天颜"由此而展舒。

德宗的受制于慈禧、母子之间的长期失调，慈禧当然心中有数。这时看到六堂官的被黜、六君子的受知，怎不感到咄咄逼人，心惊肉跳呢？本来还只限于母子之间的嫌隙，顿时就升级了。

当杨锐、刘光第、林旭、谭嗣同四人入军机以前，有一礼部主事王照（维新派）向德宗上书言事，例由堂官代奏。但礼部尚书怀塔布、许应骙（满汉两尚书）不肯代奏，王照当面责难他们，于是堂司交哄。德宗知道后，欲借此以儆几个保守大臣，为自己立威，便将怀、许及侍郎堃岫、溥颋、徐会沣、曾广汉六堂官一齐革职，而赏王照三品顶戴，以四品京堂候补[①]。

怀塔布为荣禄从叔，其妻常入侍慈禧，为装扮福禄寿三星之一。他便向慈禧哭诉，说光绪帝要尽除满人，慈禧自大不高兴。而和六堂官事件利害相关的，还有一大批吃现成皇粮的守旧官僚，接着是四卿入要害部门的军机，矛盾更尖锐了。

四卿以至康梁，都是手无寸铁的书生，维新的声势虽然浩大，但真正在德宗左右奔走活动的为数极少。古人所谓勤王，都是有兵力作后盾的。

慈禧就不同，直接或间接地为她效忠的多是实力派，其中举足轻重的是荣禄。

荣禄，正白旗人。光绪二十年（1894 年）十月，慈禧六旬万寿，他自西安将军任上入京祝寿，即授步军统领。次年，迁兵部尚书。光绪二十三年，荣禄上疏请广练兵团，其中有一段很警辟的话："外交之进退，视其兵之多寡强弱以为衡。强则公法所不能拘，弱则盟约皆不可恃。"他已经认识到武力的重要，疏中虽说的是对外，其实完全适用于对内。下面又说，袁世凯的新建陆军，"闻其兵皆躯干彪悍，步伐整齐，为各军冠。虽未经与泰西军队较量轩轾，而比之湘、淮旧伍，已觉焕然改观"（《清史列传·荣禄传》）。可见这时袁世凯在荣禄心目中的地位，已在湘、淮诸帅之上。

光绪二十四年（1898 年），荣禄已为文渊阁大学士、直隶总督兼充办理通商事务北洋大臣。更重要的是，董福祥的甘军、聂士成的武毅军、袁世凯新建陆军的北洋三军，都受他控制、支配。梁启超所谓"身兼将相，权倾举朝"，集军政大权于一身，荣禄隐然为北洋军阀的鼻祖。

当新政颁行之初，后党向荣禄陈诉，他说："姑俟其乱闹数月，使

---

① 京堂，本为对某些高级官员的称呼，一般为三品或四品，至晚清，三、四品京堂已成为虚衔。

天下共愤，罪恶满盈，不亦可乎?”这与裁撤部分文武名缺的上谕发布后，有些大臣深为惊骇，皆赴宁寿宫要求太后收回成命，太后笑而不言，如出一辙，也见两人阴沉而善用权术。

光绪二十二年（1896年），御史胡景桂劾袁世凯小站练兵时①克扣军饷，诛戮无辜。奉旨，命荣禄查办，荣禄说:“此人必须保全，以策后效。”又说:“一经部议，至轻亦撤差。此军甫经成立，难易生手，不如乞恩姑从宽议，仍严饬认真操练，以励将来。”（陈夔龙《梦蕉亭杂记》卷二）此亦可谓荣禄慧眼识英雄，袁世凯果然没有辜负他的期望。

到了后党密谋发动政变，废立德宗时，德宗也已发觉，衣带诏中有“朕位且不保”语，故密令四卿等设法救援，筹划一个既坚持变法又不激怒太后的两全之策。

这时荣禄以直隶总督驻天津，天津正有袁世凯的驻军。谭嗣同以为袁世凯加入过北京强学会，并捐金支持，又久使朝鲜，熟悉外国事，请求变法，天真地认为可救皇上者只此一人。乃密请德宗对袁世凯结以恩遇。至八月初一日，德宗召见袁世凯，特赏侍郎。初二日又召见。初三日，谭嗣同于晚上只身往法华寺访袁世凯。据袁世凯《戊戌日记》载，嗣同出一草稿，“内开荣某谋废立弑君，大逆不道，若不速除，上位不能保，即性命亦不能保。袁世凯初五请训，请面付朱谕一道，令其带本部兵赴津，见荣某，出朱谕，立即正法”。袁世凯不答应，两人争执多时，“予见其气焰凶狠，类似疯狂，然伊为天子近臣，又未知有何来历，如显拒变脸，恐激生他变，所损必多，只好设词推宕。……予因其志在杀人作乱，无可再说，且已夜深，托为赶办奏折，请其去”。

初五日，袁世凯觐奏德宗，变法必须有真正明达时务、老成持重如张之洞者，新进诸臣，阅历太浅，办事不能慎密，要德宗十分留意。意思要德宗勿重用四卿等。奏毕，即乘火车往天津。抵津，已日落，

① 河北天津白河之南有兴晨镇，一向是天津、大沽间的小站（稍东有大站）。同治间，李鸿章曾令淮军驻扎其地。淮军散后，渐成废垒。袁世凯练军，又以此为营基，因而有小站练兵之称。

"即诣院谒荣相，略述内情"。也就是告密了。

次日，政变发作，老佛爷再度训政。德宗本已如釜底游魂，至此又沦为囚犯，软禁在瀛台，合朝骚然。变法一变而为政变，刽子手即将磨刀了。

（原载《清代宫廷政变录》，香港中华书局1992年8月版）

六君子之死

光绪二十四年（1898 年）八月初六日，慈禧再度训政。次日，慈禧即秘密下令逮捕维新人士。事先，谭嗣同的朋友们曾劝他暂往日本避难，被他拒绝，并说:“各国变法，无不从流血而成，今日中国未闻有因变法而流血者，此国之所以不昌也。有之，请自嗣同始。”这话竟成为不幸的谶言。

六君子中，在狱中题诗的有三人。一为谭嗣同的七绝，万口传诵，但末两句的“我自横刀向天笑，去留肝胆两昆仑”的两昆仑，后人解释不一，有以为指康有为与大刀王五，有以为指诗人自己与大刀王五。我以为这实为比喻自身：昆仑为著名高山，又产美玉，美玉晶莹皓洁；去留指生死，意为无论活着或死去，自问都如美玉那样光明磊落，可以配得上昆仑。

二为杨深秀的七律，首尾两联为“久拚生死一毛轻，臣罪偏由积毁成”及“缧绁到头真不怨，未知谁复请长缨”。

三为林旭的《狱中绝句示复生》：

青蒲饮泣知何补？慷慨难酬国士恩。欲为君歌千里草，本初健者莫轻言。

首句的青蒲原指宫室中铺席之地，后来借喻近臣忧心皇帝的急难。

三四两句，出《后汉书·袁绍传》。绍字本初，为废立汉献帝事和董卓争吵，曾愤然对董卓说："天下健者，岂惟董公！"言下之意，他自己也是一个不好对付的健者。这里以袁绍影射袁世凯，意为袁世凯本是奸雄，不该向他劝说。千里草本指董卓，这里影射武卫后军统领董福祥，亦受荣禄节制。陈夔龙《梦蕉亭杂记》卷二，记小站袁军"仅七千人，勇丁身量，一律四尺以上，整肃精壮，专练德国军操。马队五营，各按方辨色，较之淮练各营，壁垒一新"。这也是谭嗣同要想依仗袁世凯的原因之一。

燕谷老人（张鸿）《续孽海花》第五十回，说戴胜佛（谭嗣同字复生）是"两眼误奸雄"，并写林敦古（林旭字暾谷）的话道："我是不赞成方安堂（指袁世凯，世凯字慰亭）的，他的眼珠儿太流动，说话时没有一点儿恳挚的神气，恐怕不能与他共谋大事。我看那个董回子（董福祥是回族，所以带的是甘军）很有点草莽英雄的精神（福祥起先在甘肃啸聚起事），这种人答应了一句话，不会反覆的。"当是依据林诗而铺陈，实则董福祥也是荣禄的人。胡思敬《戊戌履霜录》也说："旭言世凯巧诈多智谋，恐事成难制，请召董福祥。嗣同不可。"林旭是六君子中最年轻的一个，死难时仅二十四岁，比嗣同小十岁，德宗两颁密诏，皆由他传书。叶昌炽《缘督庐日记钞》中讥其"少年浮躁"，但在阻止谭嗣同寄托袁世凯一事上，倒比谭嗣同有识力。

谭嗣同等人被捕后，先被拘留于提督衙门，后即移交刑部大牢收监。黄濬《花随人圣盦摭忆》，记政变时有一老狱卒刘一鸣，曾看守谭嗣同等人，回忆当时情状云：

> 谭在狱中，意气自若，终日绕行室中，拾取地上煤屑，就粉墙作书，问何为，笑曰："作诗耳。"可惜刘不文，不然可为之笔录，必不止望门投止思张俭一绝而已也。林旭秀美如处子，在狱中时时作微笑。康广仁则以头撞壁，痛哭失声曰："天哪！哥子（康有为）的事，要兄弟来承当。"林闻哭，尤笑不可仰。既而传呼提犯人出监，康知将受

刑，哭更甚。刘光第曾在刑部（按：曾任刑部主事），习故事，慰之曰："此乃提审，非就刑，毋哭。"既而牵自西角门出，刘知故事，缚赴市曹处斩者始出西角门，乃大愕。既而骂曰："未提审，未定罪，即杀头耶？何昏愦乃尔？"同死者尚有杨深秀、杨锐，无所闻。惟此四人，一笑，一哭，一骂，殊相映成趣。

实际上当时即使审问，也只是形式，最后还是要从西角门牵出去。对政治犯，原非以正常的司法程序所能理喻，所以，也并非真的"昏愦乃尔"。

六君子中，对维新运动的态度也不一致。谭嗣同是最坚决激进的，杨锐虽列名四卿，态度就犹豫摇摆。保国会开会日，他"偏独当众假寐"①。在保守型的叶昌炽《缘督庐日记钞》卷七中，有云："幼笏晨来，坐未定，即言叔乔（杨锐字），相与挥涕。又言：刘光第亦愿者，林旭少年浮躁，谭嗣同则凶忽狡悍，死当其辜。萧蕙同焚，可为浩叹。"又说："以叔乔之学行，叛逆之谋，可信其必不与闻。"陈夔龙《梦蕉亭杂记》卷一，引庆亲王奕劻的话，也极言"杨刘冤惨，思之心痛"，正可从反面说明杨锐对维新的态度原不积极。

然而谭嗣同也使人产生有勇无谋的遗憾。以新旧两党实力而论，自极为悬殊。嗣同却急于求成，不讲究主客观条件，不辨别对象，企图通过冒险的盲冲的围劫手段，掷孤注于袁世凯身上，岂非与虎谋皮？反言之，袁世凯这样的"健者"，他怎么会将孤注掷在毫无实力的新党上面呢？他本来不是新党，也并不是忠心于后党，只是从他个人的利害得失上衡量。即使变法成功，荣华富贵也挨不到他，他怎会支持新党呢？黄遵宪《感事》之七也说："师未多鱼遂漏言，如何此事竟推袁？"

六君子被害，在八月十三日，距谭嗣同法华寺之"说袁"才十天②，

---

① 见李宣龚致丁文江书，载于《梁任公先生年谱》。

② 谭嗣同墓地有一联云：亘古不灭，片石苍茫立天地；一峦挺秀，群山奔赴若波涛。亦可诵。

而大局已落得这个地步。关于六君子被杀戮的场面，《续孽海花》第五十二回即专写其事。其中写刑部司员汪时庵的话道:“朝廷如此对待士大夫，将来恐怕没有好结果吧。”仲玉道:“一点儿不错，现在人心思乱，将来恐怕要去寻找这种人也找不到呢。”辛酉政变，已经杀了三个宗室，戊戌政变，被杀的是中青年的士人，数目也多至六个。

《续孽海花》作者燕谷老人张鸿，曾任内阁中书，对当时一些人物和故事，都是身经目击，书中的庄促玉即影射他本人。所以虽是小说家言，却具有传真的史料价值，谈戊戌变法掌故者常取材于此。

（原载《清代宫廷政变录》，香港中华书局 1992 年 8 月版）

垂帘与垂幕

康梁等人对待慈禧，除了政治上对峙外，还有因慈禧的出身、身份而引起的轻视心理，并将她的垂帘比作武则天的临朝。而武则天在士大夫的习惯心理上是一个声名很坏的女人，例如黄遵宪《感事》的“九鼎齐鸣惊雉雊”，便是用段成式《酉阳杂俎》卷一的“则天初诞之夕，雌雉皆雊”的典故。他还把慈禧比作汉代的吕后，而吕氏也素被看作乱朝的皇太后。

康有为《戊戌八月国变纪事》中说：“更无敬业卒，空讨武曌檄。”他在与英国传教士李提摩太书中，更直说“伪太后在同治则为生母，在今上则为先帝之遗妾耳，岂可以一淫昏之宫妾而废圣明之天子哉？”已经到了扯破脸皮地步了。不过，这话也不能服人。既然是同治帝生母，到了光绪朝，怎么就成为伪太后了？

《戊戌政变记》第二篇记长麟也有类似的话：“凡入嗣者无以妾母为母之礼。”所以，只有慈安太后才是德宗嫡母。长麟是满洲镶蓝旗人，曾任户部侍郎，满人中对慈禧有这种看法的当不止一二人。后以“信口妄言，迹近离间”，长麟与刑部侍郎汪鸣銮一同革职，其事还在戊戌以前。“信口妄言”的具体内容未详，想来不外乎此。当初肃顺等人反对两宫垂帘，当也因为慈禧是“先帝之遗妾”的缘故。这固然出于封建伦理观念，却又是封建统治集团所强调的。

这一切，慈禧是心中有数的。她是老佛爷，又是女人，女人有女人最切齿痛恨而又不能明言的地方，因而一碰到和她对立的人，就会本能地触发敏感。这种心理上的积累下来的压制，加上性格上的强硬狠辣，便会由自卑而爆发为反常的自尊，谁都必须听她的话。有的人因进入暮年，权欲逐渐淡薄，有的人反而膨胀，甚至产生虐他性的报复心理，报复的对象又很广泛。据说她说过这样的话："谁叫我不痛快一下子，我就叫他不痛快一辈子。"这听起来也令人毛骨悚然。

慈禧守寡时才二十五岁，穆宗虽然童昏不成器，毕竟是她亲生的。母以子贵，在这点上，她比慈安有可以自豪的地方。不想穆宗夭逝，再也没有一个亲骨肉了，于是煞费苦心地领来一个四岁的娃娃德宗，不想长大后又不听她的话。如果维新成功，必使一大批她所依靠、赏识的人离开中枢，因而影响她政治上的安全，因而仇恨维新派，迁怒于德宗。她明白，只要她活着一天，新政对她的权力必然有害无利，何况新党竟要效法洋人，成立议院、学会，改革科学，这就涉及上层建筑了。

慈禧对祖制，何尝放在心上呢？例如垂帘听政，就是大清历朝所没有的，她却我行我素，不顾大臣的反对，但别人要改变体制，她便要拿祖制来压了。

然而我们还要承认，慈禧确实是一个聪明机警、坚强能干的女人。不然的话，一个光杆子的太后，怎么能成功地发动两次政变，专权达四十余年之久呢？在这一点上，他倒可以和武则天并肩。

慈禧年轻时，没有高深的学问基础，垂帘后，批览章疏，日以数百，某折某事，洞晰无遗。据瞿鸿禨《圣德纪略》载，有一天，慈禧曾对鸿禨说："我十八岁入宫，文宗显皇帝在宫内办事时，必敬谨侍立，不敢旁窥，一无所晓。后来军务倥偬，折件极繁，文宗常令清检封事，略知分类。垂帘以来，阅历始多，至今犹时时加慎，惟恐用心不到。"（引自《清宫述闻》）此亦可见其人敏慧伶俐。

同治四年（1865年），慈禧削恭亲王奕䜣大权的那道诏旨，虽然别字连篇[①]，毕竟是她亲自草拟，她自己也承认"诏旨中多有别字及辞句

① 如"是（事）出有因"、"诸多挟致（制）"、"往往谙始（暗使）离间"、"若不即（及）早宣示"，等等。

不通者”，要倭仁等人润饰。

总之，作为最高的封建统治者，她的行为没有丝毫可以原谅的地方。作为男女等级森严的封建社会中与外界隔绝的一个寡妇，有她的不容否认的突出才能，有她的心理放射的现实条件。

但自戊戌政变结束后，朝廷大权却转移到另一满大臣刚毅身上，连荣禄都不能和他抗衡。荣禄还不想将已施行的新政全部废弃，刚毅则务必扫除净尽，并与端王载漪阴谋废黜德宗，以载漪之子（溥儁）作大阿哥而继统，后来又引出义和团。六君子的鲜血在京城中流了才二年，义和团的拳头又伸了出来。然而整个大清帝国这一舞台，也由垂帘而渐近垂幕了。

（原载《清代宫廷政变录》，香港中华书局 1992 年 8 月版）

图书在版编目（CIP）数据

都是权力惹的祸：清宫政变录 / 金性尧著. -- 北京：故宫出版社，2012.6

ISBN 978-7-5134-0255-2

Ⅰ. ①都… Ⅱ. ①金… Ⅲ. ①宫廷-政变-研究-中国-清代 Ⅳ. ①K249.05

中国版本图书馆 CIP 数据核字（2012）第 065585 号

都是权力惹的祸——清宫政变录

著　　者：金性尧
责任编辑：江　英　毕卫涛
装帧设计：李　猛
出版发行：故宫出版社
地址：北京市东城区景山前街 4 号　邮编：100009
电话：010-85007808　010-85007816　传真：010-65129479
网址：www.culturefc.cn　邮箱：ggcb@culturefc.cn
制　　版：保定市万方数据处理有限公司
印　　刷：保定市中画美凯印刷有限公司
开　　本：787 毫米 × 1092 毫米　1/16
印　　张：13.5
字　　数：185 千字
版　　次：2012 年 6 月第 1 版
2012 年 6 月第 1 次印刷
印　　数：1～5,000 册
书　　号：ISBN 978-7-5134-0255-2
定　　价：32.00 元